爱立方专家顾问团（排名不分先后）

黄绎霖 教育心理学专家，儿童文学作家，婴幼儿早期教育研究顶尖专家

吕利萍 朝阳医院妇产科主治医师，妇幼保健中心首席专家

王　涛 哈佛大学心理学硕士，教育学博士，美国儿童发展研究协会会员，金宝贝首席专家

叶　舟 心理学博士，心理解脱师，北京大学、清华大学特聘教授

U0886754

宝宝这一年

baby this year

侯魏魏·著

2岁，自我意识建立关键期

北京理工大学出版社
BEIJING INSTITUTE OF TECHNOLOGY PRESS

图书在版编目（CIP）数据

宝宝这一年：2岁，自我意识建立关键期 / 侯魏魏著. —北京：北京理工大学出版社，2012.7（2019.11 重印）

ISBN 978-7-5640-5723-7

Ⅰ. ①宝… Ⅱ. ①侯… Ⅲ. ①儿童心理学②儿童教育：家庭教育 Ⅳ. ①B844.12②G78

中国版本图书馆 CIP 数据核字（2012）第 048207 号

出版发行 / 北京理工大学出版社
社　　址 / 北京市海淀区中关村南大街 5 号
邮　　编 / 100081
电　　话 / (010)68914775(办公室) 68944990(批销中心) 68911084(读者服务部)
网　　址 / http://www.bitpress.com.cn
经　　销 / 全国各地新华书店
印　　刷 / 三河市冠宏印刷装订有限公司
开　　本 / 660 毫米×960 毫米　1/16
印　　张 / 16
字　　数 / 220 千字
版　　次 / 2012 年 7 月第 1 版　2019 年 11 月第 6 次印刷　　责任校对 / 陈玉梅
定　　价 / 28.00 元　　责任印制 / 边心超

综述：2岁孩子又好气，又惹人爱怜

2岁的宝宝虽然刚刚从1岁中走过来，可给父母带来的却是太多的惊喜，仿佛他一下子就长大了，其变化犹如过山车，快得叫你目不暇接，甚至有点儿招架不了。

2岁的宝宝有了自己的小心思，有了脱离父母牵手，想独自“闯世界”的愿望。好奇是所有2岁孩子的共性，他们有时不计后果地“破坏”，但这并不是一种不珍惜物品的坏毛病。他把小金鱼从鱼缸里捞出来，是想看看小金鱼会不会吹气，他从金鱼吐泡泡联想到了人的呼吸。他当然不知道金鱼离开水就会死掉，他把金鱼放在地上，又去鼓捣其他令他感到新奇的东西。家中的玩具熊眼睛被抠掉了，洋娃娃变得四肢不全，爷爷的盆栽被连根拔起，奶奶的老花镜断了腿儿，这一连串的“灾难”皆是2岁宝宝所为。

2岁的宝宝的确令人可气，妈妈不能为此而打他的小屁股，只有同他讲道理。即使听了许多的道理，他也有可能转身而忘，当你问他是不是记得有些约定时，他站在那里，很认真地摇着头，一脸无辜的样子。做父母的可能会被他的“不负责任”气着。你在生气，他却茫然。不要认为宝宝是一个小迷糊，此时他的记忆力还很不好，所以答应的事情很难保证去做。

说到 2 岁宝宝的脾气，妈妈真是三天三夜也数不完。奶奶给宝宝接尿，他坚持自己不尿，情急之下，一脚把尿盆踢飞，险些伤到好心的奶奶。还有，在带宝宝出门时，他坚持自己穿鞋，不喜欢大人的帮助，妈妈看他那笨拙的样子，又急着出门，只好蹲下来帮他一把，宝宝竟勃然大怒，将鞋子甩出去好远……

宝宝的暴脾气相信许多父母都领教过，他经常会反抗大人的决定，天冷了不肯增加衣服，即使勉强给他穿上，他也会毫不客气地以甩胳膊蹬腿的方式脱下来。家长变着花样做吃的，孩子却不领情，该不吃还是不吃，把头一拧，气呼呼地不想答理别人。

2 岁宝宝喜欢和大人对着干，这是有原因的。他在快速长大，随着自我意识的出现，情绪、性格、行动、语言、思维等都有了明显的发展。他开始进入情感发展阶段，总是有独立作出选择的冲动。然而，由于他的能力还十分有限，又常常受到大人的阻挠和限制，所以，他就会用任性、顶嘴、发脾气来进行反抗。2 岁宝宝的叛逆行为，是所有宝宝都存在的，即使那些出门不敢与人交流，不敢和比自己大一点儿的孩子玩的宝宝，在家里也会窝里横，变得蛮不讲理。再缠人的宝宝，发起脾气来也不会打折。

2 岁宝宝的一些不可思议的举止，是他必须经历的成长阶段。对于正处在学习和探索阶段的宝宝来说，很多事情都是那么新鲜有趣，所以他都想去亲自尝试一下，想查看一个究竟，也正因为不了解，所以才会经常犯错误。扔掉了妈妈的化妆品，待在马桶边说要钓鱼，抓起沙子满天下雨。在大人看来，这些行为都是荒诞不经的，可对于宝宝来说却是别有一番乐趣，因为这些都是他们一手造成的。

2 岁的宝宝有时是一个矛盾体，逆反时，能把父母气得七窍生烟，恨不得狠狠打他一顿。乖起来又是那样的天真烂漫，赖在你怀里撒娇，宛如一个伶俐可人的小天使，亲昵爱怜得你不住地心肝宝贝儿地叫着。

宝宝的可气之处固然令父母犯愁，可是在许多方面，宝宝还是令你感到欣慰和欣喜的。在情感上，他们知道与人交流，对来自父母的爱，也懂得了珍惜和回馈。妈妈不小心崴了脚，看到妈妈的痛苦表情，他知道紧紧地偎依着妈妈，伸出小手去抚摸。由于语言的快速发展，他能同父母聊天，缠着父母讲故事。不仅如此，他在跑跑跳跳中，帮你做家务，陪你去购物。在想象力不断丰富的情况下，他会做出许多令你意想不到的动作，说出许多惊人的话语。这一切，不都是宝宝给你带来的吗?

2 岁的孩子处于一个又好气又惹人爱怜的年龄，对于 2 岁宝宝的养育，父母是的确需要花费些心思的。千万不要认为 2 岁的宝宝还是一个懵懵懂懂的小人，从而放松对他的引导和教养。2 岁，是一个人心智成长的真正起点，重要性是不言而喻的。父母必须掌握 2 岁宝宝的特征和 2 岁宝宝教育的方法、技巧，只有这样才能有的放矢，掌握主动，才能在教养 2 岁宝宝的过程中感到轻松与快乐。从而使宝宝安然度过这一发育的关键期，幸福快乐地成长。

了解宝宝，从现在开始。孩子每一个细微的变化，都是一种成长。父母不能缺席宝宝生活的每一天，他们需要父母及时的引导，如果引导失误或置之不理，任其自然发展，很难说他能在今后的成长道路上“一帆风顺”。

目 录

Contents

2 岁的小宝宝与 1 岁的小宝宝完全不同了！他们已经会说话，还有了自己的想法，无论是身体，还是心理都有了一个崭新的模样。长大了 1 岁，他们脱去了脱离凡尘的天使外衣，变成了一个善良的人间天使，感受到了自我和想念。

2 岁的宝宝有了自我意识，开始有了自己的小想法，对爸爸妈妈的话并不是简单地接受了，偶尔会说“不”，有时可能还会很霸道地抢别的小朋友的玩具。面对刚刚对世界有些许认识的小宝宝，一味地宠溺已经不行了。爸爸妈妈

每一个孩子的成长都是其"内在冲动力"的结果，宝宝品格的培养也要待其某些特定情绪或思维出现后才能进行。2 岁小宝宝开始出现了坚持的萌芽，有了自豪感、同情心、羞耻感，这些都是一些优秀品质的基础。

宝宝的智力发展问题一直是爸爸妈妈关心的问题，每个爸爸妈妈仿佛都很害怕孩子智力起步"晚"了。2 岁宝宝比 1 岁宝宝的思维发展了很多，也确实可以进行一些智力培养。不过，值得爸爸妈妈注意的是，不论 1 岁宝宝，还是 2 岁宝宝，智力培养都应符合他们的思维发展特点，而且需要不刻意的、顺其自然的方式。

说是“叛逆”，其实也不是真正的“叛逆”，而是在出现自我意识以后的一些“自我”表现。2 岁小宝宝不知社会交往的法则，在“自我”的怂恿下必然会让父母头痛，或者给同样“自我”的小伙伴带来不愉快的情绪。既“养”就要“教”，要让小宝宝知道社会交往的法则，也要让宝宝学着体会别人的心情，要想做到这点，还需要一点小技巧和方法。

Chapter 07 以感官刺激为主的创造性游戏

2 岁幼儿的游戏还是以平行游戏为主，依然习惯于自己玩自己的。然而，由于他们想象能力、动手能力都有了很大发展，所以对游戏的要求也变高了。尽管 2 岁宝宝依然可以玩 1 岁时的游戏，但为了孩子更好地发展，在游戏中加入创造性的因素会更好。

Chapter 01

自我意识的萌芽
——2 岁幼儿的心理关键点

2 岁宝宝与 1 岁宝宝完全不同了！他们已经会说话，还有了自己的想法，无论是身体，还是心理都有了一个崭新的模样。长大了 1 岁，他们脱去了脱离凡尘的天使外衣，变成了一个善良的人间天使，感受到了自我和想念。

自我意识的萌芽——“我”“你”

希望有人注意，是因为有了自我意识

宝宝正坐在门口吃饼干，突然一只小花猫从花架底下钻了出来。宝宝高兴地跳起来，把手中的饼干放在坐过的小凳子上，就去追小花猫了，他想和小花猫一起玩儿。小花猫可是一种精灵古怪的动物，警惕性非常高，怎么可能让笨手笨脚的宝宝抓到呢，自然跳到更高处，很快就消失在宝宝的视线里。

没能和小花猫玩成，宝宝又回到门口的小凳旁。妈妈看见宝宝放在小凳子上的半块饼干，觉得已经弄脏了，不能再吃了，就顺手拿起来，准备丢掉。宝宝可不干了，嘴里喊着“我的，我的”，小手抓住妈妈的衣角不放，直到妈妈妥协，把饼干还给他。

妈妈觉得宝宝太不可思议了，怎么变得如此厉害，他的东西连妈妈都不能碰了。和从前判若两人，不再那么小鸟依人了。

是的，2 岁的宝宝再也不像 1 岁时那么乖了，因为，他已经有太多的表达能力和行动能力。如果你用老办法去与他相处，肯定会过时，难以和宝宝相处下去。这个时候的宝宝已经会表现自己了，他已经不再满足于做听众或被动地听人指挥，而是要表现，以便引起人们的注意。小心眼儿里悄悄地萌生了自我意识，我们可不能做粗心的父母，认为孩子变得不听话了，而是要多观察，同这个可爱的小人交朋友。

2岁的宝宝为什么和刚刚过去的1岁时的样子有着如此大的反差呢？其实，这是进步的表现，证明宝宝“进步”了。同1岁宝宝不同的是，由于告别了躺卧、爬行，随着到处走动和探究，2岁宝宝的视野开阔了，认识了更多的事物，开始有了自我意识，他知道了“我”是不同于别人的独立个体，希望有人注意他的存在。有时，为了证明他的存在，甚至想出各种“闹”的办法，以吸引别人来关注他。比如在家里有客人来访时，活泼的小宝宝会突然心血来潮，一改平时的温顺，变得调皮捣蛋起来，这种现象就是我们平时常说的“人来疯”。

许多父母都会遇到这样尴尬的事情，你正同来访的朋友聊得热热乎乎的，在一旁玩耍的宝宝突然钻到你们之间，要么让妈妈抱，要么在客人身上爬来爬去，总之，他会耍出各种令你生气又恼人的花样，扰乱你和客人的交谈。没等你批评他几句，小宝宝就开始哭闹起来，让家长感到很没面子。而客人面对小宝宝的哭闹虽然没有感到不快，却要投入到哄宝宝开心这件事上。在这种场合，父母多是检讨自己教子无方，说着让人见笑的客套话，一再强调孩子不懂事。

其实，这真的不是宝宝的错。他之所以执拗地给大人找麻烦，是因为2岁的宝宝正处于自我意识萌芽的最高峰，知道了自己是不同于别人的独立个体，他希望大家能注意到他的存在，迫切地想受到周围人的关注，独立的愿望越来越强。可是由于生活经验的局限，他分不清什么该做，什么不该做，只认为通过这种淘气的行为能够引起别人的重视，于是就会采取一些不恰当的表现形式。尤其是当父母只顾着招呼客人，而忽略了宝宝时，他则更会使出浑身解数来吸引父母和客人的注意。

面对宝宝的“人来疯”，父母不必过于自责，这只是宝宝成长过程中的一段小插曲。不妨多给予他充分的关注，给他更多自我表现的机会。如在客人来访时，可以先向宝宝介绍一下来人是谁，让宝宝与客人打招呼，也把宝宝介绍给客人，使宝宝感到自己不再是局外人，妈妈没有因为来客而忽略宝宝。然后让宝宝帮着端一些糖果点心，或是让宝宝在客人面前唱首儿歌、跳个舞等，这样宝宝就不会感到被冷落了。受到足够关注的宝宝，由于与客人进行了良好的互动，自尊心得到了极大满足，反而会变得乖巧起来。

此时的宝宝最无法忍受别人对他“自我意识”的无视、压迫或否定。“不行！”“不可以！”等否定语气的词语，往往会伤害到宝宝幼小的心灵，让宝宝的反抗心和攻击心增强。所以，在宝宝“自我意识”萌芽之初，一定要对其进行精心的呵护。少对宝宝说些指责和否定的语句，更不要当着客人的面惩罚他，否则宝宝会觉得很没有“面子”，感到羞愧甚至会反抗，变得更加不可理喻。

分清“我”“你”，可是宝宝的大进步

自我意识是人类所特有的意识，它是人对自己，对自己与周围

事物的关系的认识。自我意识的核心是“我”，这个在我们看来简单又不成问题的“我”，对于幼小的宝宝来说，却是很成问题的。人的自我意识并非与生俱来的，而是在后天的生活中从无到有、从模糊到清晰，逐渐发展起来的。

对于那些刚出生的小宝宝，他们是不能把自己同外界环境区分开来的。在宝宝成长的第一年里，也说不清有什么自我意识，他甚至还不能知道自己身体的存在，他会把自己的脚丫、小手视同玩具。满 1 岁的宝宝才开始能把自己的动作和动作的对象区分开来，这就是自我意识的最初表现。如他知道由于自己扔皮球，皮球就会滚动。通过这个动作，宝宝知道了自己和皮球是两个独立的个体。但这时的所谓自我意识，实质上，只能算是一种自我感觉，还不是明确的自我意识。大约在宝宝出生后的第二年，开始知道自己的名字，只是名字对于他来说，仅仅是自己的一个信号。当遇到和他叫同名的宝宝时，宝宝就感到有些迷茫和困惑了。

宝宝 2 岁后，开始掌握“我”“你”等代名词，这是宝宝自我意识形成过程中的重要进展。可不要小瞧“我”“你”这样极为简单的字眼，你、我之分对于宝宝来说是一个很大的飞跃，是一件很了不起的事情哦！这种认识使宝宝同别人的关系和对自己的态度发生了本质的变化，其独立性日见增长。此时的宝宝，一反过去安静、听话和较强的依赖性，而呈现出一种个性心理的“自我”发展时期的特征。他往往表现得十分任性，以自我为中心，常常爱说“我自己……”“就不……”等充满反叛和挑战语气的词句，倔强的小人力图摆脱父母的约束，开始发表他 2 岁的“独立宣言”。

许多没有经验的父母常对此感到手足无措，觉得小小年纪竟然敢公然与大人对抗，于是责骂孩子，打孩子屁屁。做父母的，千万不要在此时对孩子动粗耍横，宝宝非但不能理解，反而会导致宝宝不良性格的形成，如情绪不安、脾气暴躁、执拗、任性、对人不友好等。最好的方法是顺其自然，因势利导，培养其独立性、主动性、能动性、自尊心等，从而使宝宝的自我意识能力得到更充分健康的发展。

情感更加复杂化，他会思念了

2岁的思念与1岁“思念”的不同

宝宝2岁了，你会发现一些新的特点，即使是1岁时宝宝已会的，在2岁时也会表现出新的一面。2岁宝宝似乎与妈妈更亲了，前提当然是妈妈一直带着宝宝，或者至少每天都能看到宝宝，并和宝宝玩一会儿的情况下。如果妈妈没有做到这点，而是由奶奶代替的话，那么宝宝可能会表现出与奶奶更亲密的特点来。

2岁宝宝与妈妈更亲的表现与1岁时完全不同。1岁宝宝在妈妈走开时，会咿咿呀呀地叫，告诉妈妈：我不想你离开。但是妈妈一旦走开，并且没有听见宝宝暗示的话，宝宝可能会难过几分钟，但这时如果有人来转移他的注意力，比如摇一摇床边的拨浪鼓，或者用其他玩具吸引他，不消一刻，他就会忘记妈妈已经走开的“痛苦”，开始与“逗”他的人玩得不亦乐乎，直到有生理需求或者睡意来袭。

2 岁宝宝也会这样，在妈妈走开的时候会痛苦，会伸着手大哭大叫，仿佛要抓住妈妈似的，而真的眼看妈妈出了门，并关上了门后，哭得可能会更凶。这时宝宝身边的人对他说："咦，这是什么?"宝宝马上就会止住哭声，跟随"逗"他的人的目光去寻找"这是什么"的东西，还会跟着指给他看的人一起思考、研究这个东西有什么新奇之处，甚至还会跟你搭腔。你以为已经"控制"了宝宝的情绪，谁知随着"这是什么"结果的揭晓，宝宝又开始哭着找妈妈了。这就是 2 岁宝宝与 1 岁宝宝最大的不同。1 岁宝宝对妈妈的渴求会随着注意力被转移而转移，而 2 岁宝宝对妈妈的思念，虽也会随着注意力被转移，但在转移后却又会自动"转移"回来。

更令宝宝的亲人们惊奇的是，2 岁宝宝在玩得很开心的时候，也有可能突然哭闹着想要妈妈，这在 1 岁宝宝身上几乎是不可能发生的。而导致这样变化产生的原因就是宝宝的思念。

妈妈，真的想你

1 岁的宝宝对妈妈的依赖是因为生理的需求，因为妈妈是维系他原来熟悉的世界——子宫与现代陌生世界的唯一纽带，而且妈妈会给他喂奶，解决宝宝饥饿的问题，所以宝宝依赖母亲。然而，宝宝到了 2 岁后，宝宝对母亲的情感则完全变了，由单纯的生理需求，开始转变为心理的需求，从情感上依赖于母亲，并学会了思念。

一直陪伴宝宝、给宝宝安全感的母亲离开宝宝之后，宝宝就会产生一种莫名其妙的情感，带给他一种不适感，而想念母亲似乎能缓解这种心理不适。当然，我们已经明白这就是思念。但对刚刚体会这种情感的小家伙来说，这个情感可不是什么舒服的事，而且每当看见一些长得像妈妈的人，或者和妈妈玩过的玩具，甚至只是听别人唱妈妈独有的摇篮曲，都会让宝宝体会这种带给自己不适的情感，也会令他们一再想念起妈妈来。这也是他们经常在其他亲人陪伴下忽然想念妈妈的原因。

其实，幼儿体会到思念的痛楚从6个月时就有了，那时比较黏人的宝宝会在妈妈出去一会儿时，就哭得哭天抢地，甚至把嗓子哭哑。不过，这种情绪并不是完全的思念，宝宝大哭是因为已熟悉了妈妈的怀抱，是由于妈妈上班导致的分离焦虑。这时转移了宝宝的注意力后，除非他看见妈妈，否则他还会想念。

2岁幼儿表达思念的方式很单一，需要构筑与妈妈在一起时的环境。比如听见妈妈的声音、看到妈妈的视频等才能缓解思念，而拿出妈妈经常用的东西，或者勾起宝宝回忆起妈妈的东西，都有可能加深宝宝的思念。

幼儿能够思念母亲，代表着幼儿情绪、情感的成长，因此让幼儿体会思念的滋味并不是坏事。但是这种思念的情绪对幼儿来说，太过于痛苦了，如果让幼儿长时间沉浸在思念中，对幼儿的心理发展将会产生负面影响。

随着幼儿的成长，一直带宝宝的妈妈不妨依旧按照自己的计划，到了该工作的时间就去工作，回家之后，就好好地与幼儿在一起，陪他玩耍。即使幼儿想念妈妈了，这也是正常的，妈妈可以给幼儿打一个电话，告诉他妈妈在工作，或者回家的时间，甚至还可以与幼儿约定，回家后的游戏，等等，都可以帮助幼儿缓解思念的情绪。

独立是这一年的主题

2岁，喜欢亲自尝试的年龄

2岁的宝宝开始有了自己的主意，什么事情都喜欢亲自去尝试。为了做自己喜欢的事情，他可以不厌其烦，甚至累得满头大汗也不叫苦，还做得津津有味。比如，搬分量很重的东西，父母怕他累着或是有砸到自己小脚丫的危险，劝他放弃时，他却坚持按自己的想法来。我们经常在大街上看到这样的情境，父母越不让宝宝干什么，他越不听话，誓有不达目的绝不罢休的“英雄气概”，总是和家长的意愿背道而驰，惹得大人孩子都是一肚子气。

走在大街上，可爱的2岁宝宝喜欢自己跑跑跳跳，而不愿意再像1岁时那样，让妈妈牵着小手，乖巧地跟着妈妈一起走。摆脱了妈妈牵引的宝宝，就像一只逃离樊笼的小鹿，他忽而蹲下身来捡根树枝当枪使，忽而捡个石子扔着玩，一刻也不得安生。2岁宝宝变得活泼、顽皮、不听话了。他们喜欢到处看，到处摸索，已经能用语言表达自己的意愿，对于父母要他干的事情，总是爱用“不”来回答。对于自己要干的事，往往又说：“我会，我自己来。”

这个时期的宝宝，虽然对爸爸妈妈的依赖性还很强，但是，由于他们能独立行走，并且逐步获得运用物体的动作能力，独立行动倾向也就逐渐发展起来。宝宝比以往更加积极、主动地认识和探索周围的世界。

这就是2岁宝宝的可爱之处，他并非存心同父母做对，而是独立性在逐渐建立。2岁的宝宝由于学会走路、掌握了一定的语言并能用双手做事后，一种成就感就油然而生，觉得自己对周围的环境和事物不再是无能为力了，而是有了支配的能力。因此，宝宝的独立自主意识不断地增强并突出地表现出来，开始要在家庭中表现自己的独立能力。这种独立倾向可以从宝宝常用的“我自己”这个词上表现出来。对于可以自己完成的动作，宝宝总是喜欢独立完成，而不需要成人的帮忙，如“我自己走路”“我自己拿”“我自己吃”等。这可是宝宝一个可喜的进步，不要因为宝宝不再小鸟依人、顺从大人而感到失落。

给宝宝插上独立的翅膀

独立能力的培养，是关乎孩子未来的终身大事。它对孩子的生活、学习质量以及成年后事业的成功和家庭生活的美满，都有着非常重要的影响力。

如今，许多父母责怪自己的孩子做事缺乏独立性，自理能力差。殊不知，这与孩子无关，该反思的是父母。当2岁的宝宝独立意识开始萌芽时，父母往往出于溺爱心理，或嫌弃孩子做不好，这也不让动，那也不让摸，从根本上剥夺了孩子独立锻炼的机会，把宝宝刚刚萌芽的独立意识扼杀在了摇篮之中。也难怪孩子长大后缺乏自信，没有独立能力了。

一个人独立性的培养应该从小抓起。不要主观地认为，宝宝小，不能累着他，不能任凭他乱来。可别小瞧 2 岁宝宝的能力，由于自我意识开始萌芽，言语和动作的发展迅速，对周围世界的认知范围逐渐扩大，他们已经能表达自己的意愿，去干自己喜欢干的事情。也许由于宝宝的动作还不十分协调，走路时容易跌倒，用杯子喝水会泼翻，用勺吃饭会撒在身上，但要允许宝宝失败，宝宝就是在不断地尝试中学会独立做事的。不要认为宝宝笨或是宝宝还不能做这些事情，而去帮助他、制止他、替代他，这样会阻碍宝宝独立性的发展。应根据宝宝独立性的表现，因势利导地对他进行积极的鼓励和引导，尽量给宝宝多提供一些机会做他力所能及的事情，让宝宝体会到自己动脑、动手做事的乐趣和喜悦。

想让宝宝养成独立自主的好习惯，还要给他足够的爱和自由。充满温情的、暖暖的爱，能使宝宝获得安全感和信任感。只有当宝宝相信，在他遇到困难时一定能得到帮助，他才会放心大胆地去进行探索和尝试活动。而充分的自由，能为宝宝提供更多独立思考和独立解决问题的机会。如果总是对宝宝的独立行为进行限制和干预，事事都是爸爸妈妈说了算，就会挫伤宝宝的积极性和主动性，宝宝的独立性培养就无从谈起了。

那些受到父母充分尊重的孩子，一般来说，他们的自我独立意识也都比较强，并且待人友善，懂礼貌，举止大方，这是由于孩子受到应有尊重的良好反应。所以，在与宝宝说话时要注意口气和方式，尽量不用命令的口吻，要以平等的态度对待宝宝，使宝宝感受到你在尊重他。

2 岁是幼儿产生独立意识的敏感期，但培养幼儿的独立性，不一定非要等到他自己有独立意识才开始。早在幼儿七八个月时，尽量将家中的东西收拾好，给宝宝一个安全的空间，让他意识到家就是个安全的场所，他可以自由地学爬、学站、学走。这不仅能帮助幼儿形成独立的性格，还可以使他建立起自信。如果周边的环境过于复杂，宝宝叫妈妈的频率一定会很高，也会更加依赖父母。简洁安全的家居环境，宝宝拿取物品比较容易，也就可以自己做主去干什么、玩什么，这在无形中锻炼了幼儿独立自主的能力。

孩子终究是要脱离父母的羽翼单宿单飞的，因为他不仅属于父母，还是属于社会的。未来的路要靠他们自己去走。所以，要从小培养孩子的独立性，帮助他们成为一个独立的个体，让孩子在独立中成长。这样，当他离开父母，走向社会时，才能从容、自信地独当一面，创造属于自己的业绩和辉煌。

客体我的产生

宝宝 2 岁时，能认出自己了

当宝宝到了 2 岁时，妈妈就会发现，小小的宝宝竟然学会了臭美，见到镜子不愿意走开，对着镜子左照右照，总也看不够。要么对着镜子做鬼脸，要么嬉戏傻笑，举手投足，站立蹲下，简直出尽了洋相。宝宝的这种行为，可不是在臭美，他是在镜子里发现了自己，认出了自己。

给 2 岁的宝宝看照片，他也能从爸爸妈妈的照片中区分出自己。当看到自己照片的时候会微笑，有时还会对着照片叫自己的名字。这一切都表明，2 岁的幼儿已经产生了客体我。

2 岁以后，宝宝自我识别的能力得到进一步提高，他已经能利用某些特定的分类线索来将自己和他人区别开来。一般来说，在面部特征中，与性别、年龄有关的特征较早成为婴儿关于客体我的知识。宝宝最容易从异性和年长的人的照片中区分出自己。

宝宝在几个月的时候，是没有客体我的意识的，即使看到镜子里的自己，他也认不出来。所以，当他看到镜子中的小朋友时，他会很高兴，觉得有另外一个小朋友在陪他玩。他会对着镜中的小朋友招手、微笑，会伸手到镜子后面，寻找站在后面的那个小宝宝。

宝宝的婴儿时代，自我意识的发展主要集中在自我认识方面，即把自身和物体分开，把自己和他人分开，从而产生了主体我。他踢球，球滚走了，他知道球和他是两个不同的个体。他也依稀明白妈妈和他不是同一个人，因为当他尿了、饿了的时候，妈妈也不是每次都陪伴在他身边。在他几个月时，连自己这个概念都没有，并不认识自己身体的存在，所以他会吃自己的小手，会抱着自己的小脚丫啃，把身体当成玩具一样看待。以后随着认识能力的发展，逐渐知道了手和脚是自己身体的一部分。

随着宝宝逐渐长大，就有了自我意识，主要表现在知道了自己的名字，并能用自己的名字来称呼自己，这表明婴儿开始能把自己作为一个整体与别人的名字区别开来，开始认识自己的身体和身体的有关部位，如“宝宝的脚”“宝宝的耳朵”等，还能意识到自己身体的感觉，如饿、痛等。

宝宝潜在客体我的认识，大多是在1岁半左右才出现。心理学上有一个非常经典的实验：在婴儿熟睡时，在他们的鼻子上抹上胭脂，醒来后让他们照镜子，结果发现，18个月左右的宝宝会看着镜子，摸自己抹了胭脂的鼻子。也就是说，从这个时候开始，宝宝隐约明白镜中的小朋友好像和自己有点儿关系。到2岁时，就出现了宝宝爱照镜子的习惯，那是他已经明确地确定，镜子里的那个小朋友就是他自己。

帮助宝宝认识他自己

要想让宝宝尽快认出自己来，最好的方式就是游戏。2 岁的宝宝不是喜欢照镜子吗？可以陪同宝宝在镜子前观察自己，让宝宝做出不同的姿势与表情，或是在不同穿着的情况下看看自己的样子，使宝宝能尽快熟悉自己。

家中那些宝宝的照片和录影带，也是让宝宝认识自己的好渠道，经常和宝宝一起观赏这些图像，询问宝宝知不知道自己在哪里，并请他找出来，或是指着宝宝的照片询问“你猜这是谁”。如果宝宝还不能很好地认出自己，父母可陪他多做练习，让宝宝有足够的机会来充分认识自己。

当宝宝能够快速、准确地认出自己时，就可以带着他进行打扮游戏。给宝宝戴上一顶奇特的小帽子，或者给他穿一件爸爸的西装，在 2 岁宝宝的眼里，这是个很迷人、很有趣的游戏。这会让宝宝有机会看到改变的过程和结果，在不同的装扮下也能准确地认识自己。

等宝宝语言表达能力成熟后，一家人可以一起玩“你是谁”的游戏。一人问“你是谁”，另一人很快地说出自己的一个特点，然后接着问下一个人，如果谁都说不出来，就要被罚表演节目。开始的时候，宝宝可能会说“我是明明”“我很漂亮”等。等游戏玩得多了，慢慢地，宝宝对自己的描述会越来越丰富和具体，比如“我眼睛大大的”“我能自己吃饭”“我会唱很多歌”等。

幼儿的自我意识很薄弱，他的自我认识主要来自他人对自己的看法与评价，尤其是他心目中权威人物对自己的评价，这些评价往往对幼儿具有很强烈的暗示作用。所以，要有意识地发现、赞美宝宝的优点和特点，给予他正确的评价，帮助他了解自己是与众不同的个体，从而增强宝宝对自我的认识，形成较为积极的自我评价，树立自信心。

在宝宝认识自己的过程中，父母的引导很重要，可以使宝宝能很快认识自己、熟悉自己。在陪同宝宝一起成长中，父母不要偷懒，不要等待宝宝自然“瓜熟蒂落”。积极引导宝宝认识自我，利于宝宝心智的发育。

语言开始表现自己的思维

2 岁宝宝语言大爆炸

从宝宝第一次能清晰地喊出妈妈、爸爸开始，就预示着宝宝的语言将进入快车道。在 2 岁以前，宝宝只能简单地同父母对话，语音含糊不清，多数词不达意，需要父母边问边猜测，才能知道宝宝所要表达的意思。宝宝在看妈妈来回推拉窗时，对着窗子喊“大风，小风”，妈妈以为宝宝在说窗外的风大或小。宝宝嘴里不停地说着“大风，小风”，并手指半开的窗子，妈妈把窗子关小些，宝宝兴奋地说“小风”，当妈妈又把窗子开大些，宝宝赶紧说：“大风。”这时妈妈才明白，宝宝原来要表达的是窗子的缝隙大小。

宝宝到了 2 岁，妈妈就无须如此费力气地去猜了，和 2 岁的宝宝进行语言交流，你会发现他是一个十分有趣的小家伙。这时他能同你聊天了，尽管有时还词不达意，但大体可以彼此进行沟通。同过去咿呀学语时相比较，宝宝语言上的进步真是十分惊人，跃升到了一个新台阶。

2岁宝宝的词汇量呈爆炸式增长，宝宝热衷于学习新的语言，远比学习新的游戏更投入，他的小嘴不肯闲下来，在走动过程中，在小眼睛四处搜寻时，都时刻不忘运用他的嘴来说话。话题有时是自己看到的，有时是自己突然想到的，有时是自己正在触摸的。除了会用“你”“我”，现在，还会用“他”来表达人称，并开始理解反义词。

2岁宝宝喋喋不休的唠叨，说明他的理解能力也有了很大的提高，小脑瓜里开始有自己的思想。他已经能理解语言的重要作用，并自觉地加以学习。他开始运用语言来学习新的概念，认识新的事物，把语言作为认识世界、与外界沟通的主要工具，通过语言来表达自己的感受和需要。宝宝不但能说出自己的行为，也能用语言控制自己的行为。当他面对被妈妈禁止去拿的东西时，会大声地告诉自己“不能动，不能动。”不小心摔倒以后，勇敢的宝宝会自己爬起来，拍拍身上的尘土，鼓励自己说：“勇敢，不哭。”

我的语言我做主

宝宝对语言表现出浓厚的兴趣，尤其是对那些自己曾未听说过的新词，更是乐不可支地奉行“拿来主义”。由此一来，宝宝的词汇量快速增长，几乎每天都能说出令你惊讶不已的新词。这让父母感到很纳闷，真不知道这些词是什么时候，从哪里学来的？因为你从来没有教过他啊。

其实，幼儿的语言并不都是从父母那里学来的。即便父母没有说过的话，孩子也不一定不会说。随着幼儿思维的发展，宝宝不但从外界模仿和学习语言，还能够把储存在大脑中的单词、语句进行加工整合，变成自己的语言来表达。他还能根据自己对事物的认识和理解，用自己对词句的理解来描述事物、表达看法、提出建议和意见。

现炒现卖、活学活用也是2岁宝宝的可爱之处，他最喜欢使用刚刚学来的新词和人对话。然而当他笨笨地学习说话时，会闹出各种各样令人惊讶、忍俊不禁的小笑话。例如，2岁宝宝会说“我年轻时……”“爸爸是好蛋”，当大人被他逗得前仰后合时，他依然一本正经地在表达自己的意愿，浑然不觉自己有什么表达失误或出了一个小洋相。

2岁以后的宝宝还能鹦鹉学舌地数数和背诗，他的学习兴趣超好，尽管他不知道自己说的是什么，当看到大人欣赏的笑容和夸奖时，小小的自尊心得到了极大的满足，更加起劲儿地摇头晃脑、“口吐莲花”。

这就是2岁宝宝的语言，几乎没有他不能说的话了，而且常常会语出惊人!

欣赏并促进宝宝的语言发展

从现在开始，宝宝进入了语言表达期，这是宝宝口语发展的关键期，父母不能只满足做一个欣赏者，还要参与到他的语言建设事业上来。要有意识地让宝宝学习用语言来表达自己的需求，促进宝宝的语言发展。虽然宝宝能够使用符合语法习惯的简单句，复合句也不断增加，但句子成分常常不完整，用词也不一定恰当。所以，要多与宝宝互动，帮助宝宝提高自己的“演讲”能力。

由于2岁左右的宝宝，大脑发育迅速，摄取的信息越来越多，他们急于用语言表达自己的思维。如果这时没有一个良好的语言环境和正确的语言信息输入，就会对宝宝的语言发育造成很大影响。所以，要给孩子营造一个良好的语言交流环境，让宝宝能够得到充分的语言信息。无声的环境是最不利于孩子语言智力发展的，只要有时间，就尽量多与宝宝说说话，什么话题都可以。如晚上睡觉前，询问一下宝宝今天都做了些什么，有何感受；或者和他讨论一下明天的计划："明天我们是去公园呢，还是去奶奶家?"这些信息会储存在宝宝的小脑袋里，一旦他们能够开口说话，将作为软件源源不断地给孩子以支持。

这时，可以教宝宝一些关键词汇和重要句型了。当宝宝掌握了词组的用法之后，就要教他短句，逐渐增加句子的长度，并给他机会，让他多多练习。为了增加词汇量，也为了帮助宝宝更好地掌握语法结构，应尽量使用规范语言，不要再使用儿化语言，如饭饭儿、狗狗儿等带儿化音的语句。

此外，对于那些存在多种口音的家庭，在宝宝学说话之初，家庭内部应统一语音，让宝宝对一个物品只接受一种读音，这样宝宝不容易出现混乱，可以顺利地掌握语言的沟通。待宝宝能熟练掌握语言的时候，再丰富他的语言环境，对他进行第二种、甚至第三种语言的多语言教育。

幼儿的天性就是玩，他们在玩中学习生活技能，锻炼肢体协调和与人沟通。玩耍有助于开发宝宝的语言、行为能力和大脑智力，给他带来很多鲜活的知识。通过与大人、小朋友和周围人的接触和玩耍，宝宝摄取的信息量会不断增加，大脑中储存的知识也会越来越多，所谓寓教于乐，便是这个道理。因此，与宝宝一起玩耍可是件非常有成就感、有意义的事哦！在这个阶段，宝宝玩得越多，跟别人交流得越多，其词汇量和生活知识也就越丰富。给他讲故事、教他唱歌，与他一起玩语言游戏，甚至交谈都能为他创造很多视听机会，有助于宝宝增加新的知识，提高理解能力。

尽管此时的宝宝，说话的语序已经很少出错，但他对客观世界的认知还未具体化，还不能细致地分析事物的特征和细节，当然，也就难免会出现用词、用法等方面的错误。妈妈听到宝宝语言表达上有错误时，不必马上加以纠正，更不能指责或训斥宝宝，因为这不但会挫伤幼儿学习语言的积极性，还会令他感到迷惑不解。

行动的无序性

2 岁宝宝不会想好了再行动

爱冲动的 2 岁宝宝，像一头莽撞的小豹子，横冲直撞，为所欲为。他这种唯我独尊、天马行空的行动上的无序性，贯穿在整个 2 岁时期。有时候他正在搭积木，却突然跳了起来，对花架上的花盆产生了兴趣，过一会儿又跑到鱼缸前对着游动的小金鱼吹气；或者正在翻看图画书，“猛”地将书一摔，又把自己的玩具箱翻个底朝天。对于宝宝这种做事缺乏目的性和条理性情况，许多父母很是担忧，觉得宝宝过于淘气或是他怎么这么没有耐性，开始担忧他这种猴子的性格在今后的生活中难以做成大事情。

其实，没什么好担忧的，2 岁宝宝行动上的无序性是正常发育使然。虽然此时宝宝的意志活动已经开始产生，能按照大人的吩咐去执行一定的动作，开始能凭借自己的语言控制和支配自己的行动，在行动中也能克服一些简单的困难。但他的自控能力是很差的，行为富于冲动性，往往干起事情来有头无尾。

这是由于2岁幼儿的思维还处于一种最初级阶段，在做事情前往往没有明确的目的和计划，他的思维只有在活动中才能进行。2岁宝宝不会先想好了再行动，而是边做边想。当问宝宝怎样才能把桌子上的玩具拿下来时，他并不能及时回答你，而是马上跑过去拿；让宝宝画张画，他也不会先动脑筋想一想，打算画什么？怎么画？而是大笔一挥就开始即兴创作，宝宝是边画边想的。2岁宝宝游戏后，一手提着小椅子回室内，当他走到门前时，会毫不犹豫地将身体与椅子并行进门，结果折腾了很长时间也没有进去。后来，在一次次地“尝试错误”后，宝宝改变了拿椅子的方式，双手端着椅子放前面，轻松进了活动室，愉快地坐到了座位上。

这就是2岁宝宝。由于此时语言和思维发展的局限性，他对周围的事物、成人提出的任务以及自己的行动目的缺乏深刻的认识，所以行动的自觉性比较差。风风火火的2岁宝宝，常常不假思索就开始行动，行动的无序性和缺乏条理也就在所难免了。由于做事之前没有预先给自己提出活动的目的和要求，宝宝的行动往往是由外界的影响和当前感知到的情境所决定的，随兴所至，随兴所止。

帮宝宝确定一个目标

对待2岁宝宝，不能苛求，由于他的行动无序，缺乏应有的条理，所以很容易受到周围事物的影响和支配。对爸爸妈妈提出的指示和要求，他可能难于服从，或者干脆忘到了九霄云外。不要责怪和训斥宝宝，随着宝宝思维的进一步发展，他会逐渐改善这种行动无序性，应该给宝宝思考和锻炼的机会，只有这样，宝宝才能有

"突飞猛进"的发展。

面对2岁幼儿的行动无序，不妨在活动前帮助宝宝明确和确定一下行动的目的。如宝宝在动手画画前，请他说说想画什么内容；在搭积木前，问问他打算搭一个什么建筑。同时鼓励宝宝为实现这一目的，努力坚持下去。这样一来，有了行动目的，宝宝就有了做下去的动力，不再把心思轻易放到其他事情上。

当然，即便幼儿明确了行动的目的后，有时也不能坚持把一件事做到底。除了生理和心理发育阶段的局限性外，还和缺乏一定的技能技巧有很大关系。宝宝想用积木搭个小房子，可怎么搭也搭不好，这让宝宝失去了信心，自然他就没有兴趣做下去了。所以，除了帮宝宝明确行动的目的以外，还要经常不断地丰富幼儿一些最基本的知识，教给他们一定的技能技巧。这样，掌握了技能技巧的宝宝，在遇到困难时，就能够自行克服。这会让宝宝体验到克服困难后的满足和快乐，于是，再进行这项活动，甚至其他活动时，有了成功体验的宝宝会努力把事情进行到底，也不会半途而废了。

做事冲动，易受外界干扰是2岁宝宝的典型特征。所以，当宝宝做事时，给他提供一个安静舒适、不受干扰的空间是十分必要的。整洁有序的家庭环境，科学合理且相对固定的生活作息，都可以帮宝宝学会自主有序地做事。

培养一个做事井然有序、富有条理的宝宝，是每一个做父母的心愿。在等待宝宝长大的同时，多给宝宝技术上的指导和引导，使他从小养成有序生活的好习惯。

动作成为一种表象符号

宝宝的雷人动作，让妈妈迷惑不解

当和2岁宝宝相处时，你会为他一些突如其来的动作感到莫名其妙。正在吃饭的宝宝停止了进食，拿起一只筷子放在唇边，像模像样地做起吸烟状，那副神态简直就是一个十足的小烟民，这着实引来一家人的惊讶。当他坐在床上，很认真地把一条枕巾折叠成多层，然后一只小手摁在上面，用另一只手的侧面，在折叠的枕巾上切来切去，这些行为更让你丈二和尚摸不着头脑。宝宝这是在干什么？噢，原来他是在模仿奶奶切面条呢！

2岁宝宝的一些动作，常常会令你感到迷惑不解。许多动作，你并没有教给宝宝，宝宝是如何学会的，又是从哪里学来的？

对于2岁的幼儿来说，他在这一年里，有许多飞跃性的进步，如语言爆炸式的增长，如行动上更加敏捷。这些进步在父母眼里是天天可以观察到的，因为宝宝每一天的成长都尽收父母眼底。而宝宝时常在人们面前做出一些奇怪的动作，即使是同他生活在一起的家人有时也弄不懂，多数人都认为这是宝宝随意玩耍呢！可是，当你仔细观察揣摩就会发现，宝宝的这些看似随意的玩耍动作，都是在生活中存在的，如模仿吸烟、切面条、搬动物品，等等。

2岁宝宝这些莫名其妙的动作，的确不是空穴来风，是宝宝对于他周围生活观察和思考后，模仿而来的，他可不是一个没有心机的小家伙。此时，宝宝的模仿已不再单纯地像一个回音壁，你说一句，他说一句，你做一个动作，他也立刻将你的动作照搬下来。由于他的观察能力越来越强，记忆力越来越发展，平时生活中见到的一些情境，无形之中印在了宝宝大脑的深处，当时宝宝可能无动于衷，可过一段时间，这些暂存在宝宝脑海中的记忆就会被唤醒。宝宝突然想到了这些动作，他就默默地、认真地“表演”起来。宝宝此时做这些动作，可不是刻意在表演给他人看，即使他不在人们面前，只要他想起来了，就会通过动作进行演练，只是在他独自做这些动作时成人没有看到而已。

这种对不是发生在眼前事物的模仿，叫做延迟模仿。它是对以往具体形象的回忆和联想，是一种比直接模仿水平更高的思维模式。延迟模仿大约在宝宝2岁左右出现，因为2岁后，宝宝的记忆时间延长，可以记住一两个月前的事情，所以，能将一些之前看到的动作，在新的条件和时间下重新表现出来。这种行为的出现，意味着宝宝开始使用表象符号来建构思维。

其实，宝宝的这种模仿能力，早在1岁半左右就能进行了。当一个16个月的宝宝看到小朋友生气、叫喊和跺脚的情境，在这个小朋友离开1小时后，他便模仿起来，并把自己逗得笑出声来。两岁的宝宝，出现了更多的延迟模仿行为，且延迟记忆的时间也较以前有所增长。

模仿，宝宝成长的必要途径

幼儿喜欢模仿周围环境中的各种行为活动，不仅是为了玩耍，这是他们学习生活本领必不可少的途径，是宝宝 3 岁前学习的一种重要方式。通过大量的模仿，他们尝试经验、学习经验，然后把经验变成自己的本领。如果善于利用这个年龄宝宝的积极模仿性，通过有目的的引导，能使宝宝各种良好的行为习惯通过模仿学习得到巩固。

当然，宝宝在成长过程中，他的学习生活不仅仅局限于模仿，他还有自己的创造。宝宝能把从外界学来的词、句、动作加以改造，按自己的意愿组合成自己的语言和动作，这是比模仿更为高级的智慧。

能够延迟模仿，说明宝宝的长时间记忆能力比较强，动作协调能力也在增长。否则，他是很难把记忆中的动作变成现实动作的，并且模仿得惟妙惟肖。

宝宝不是机器，不可能按照他人的意愿或要求去做自己不愿意做的事情。他是一个有自己的意愿、有自己兴趣的人，对当前不感兴趣的事情不会去模仿，即使是对过去所经历过的事情，如果没有现实生活当中的某一触发点作媒介，也不会随时来个即兴的表演，这是宝宝发育特点所决定的。

宝宝模仿的对象多是父母和身边常出现的亲人，尤其是父母，由于与宝宝相处时间长，又最具有权威性，所以其行为举止、语音语调及对食物的喜好等都会成为宝宝模仿的对象。这对父母来说，就需要对自己的行为举止有所收敛，你的一言一行、一举一动，不管是有意的行为或无意的举动，宝宝都会模仿，还会在某个时间表现出来。所以，一些不雅之举千万不要在孩子面前显现出来，否则一不小心就成了宝宝模仿的样板。没准儿哪天，心血来潮的宝宝会在众人面前给你表演出去，使你陷入尴尬的境地。更主要的是，父母的一些恶习若被宝宝长期模仿，就会成为他的习惯之举，从而使他养成种种不良的行为和习惯。

Chapter 02

宠爱与规矩并举

——与2岁幼儿的相处与沟通

2岁的宝宝有了自我意识，开始有了自己的小想法，对爸爸妈妈的话并不是简单接接受了，偶尔会说“不”，有时可能还会很霸道地抢别的小朋友的玩具。面对刚刚对世界有些许认识的小宝宝，一味地宠溺已经不行了。爸爸妈妈也要根据情况宠爱他，并让他知道这个世界运行的规则。

让他们知道明确的“规矩线”

2 岁宝宝不懂“规矩”

好动是孩子的天性，尤其对于 2 岁的宝宝来说，他们对规矩还没有概念。因为不知道什么是规矩，更无从遵守规矩了。

在一家人都安安静静地吃饭时，淘气的宝宝手里拿着一个纸筒，跑到妈妈身后敲妈妈的后背，见妈妈没有理睬他，又跑去敲爸爸的后背，爸爸冲他做了个大大的鬼脸，还冲他伸出巴掌，做出要打他小屁股的样子，宝宝更开心了，接着又去敲爷爷、奶奶的后背。

宝宝是在打人吗？显然不是，而是在玩耍。他并不知道自己的举止和行为是不礼貌和侵犯他人的。许多父母也都不把这当做一回事，觉得宝宝在玩耍，有的还会有意地配合他。

这种做法不太合适，父母的配合，无疑是在鼓励宝宝的这种行为。2 岁左右的宝宝对“规矩”没有什么明确的想法。他并不知道自己的行动可能给人带来伤害。如果任凭宝宝自然发展，他就会养成无拘无束的性格，对待外人也会采取这种突然出手的想法或举止。在他的心里，这是一件很好玩的事情。如果对这种“好玩”没有给孩子一个明确的界限，孩子就可能把这种伤害人的事当做好玩的游戏继续下去，由家里而延伸到家外。大人们也许觉得小孩子恶作剧对其置之不理，而那些同他年龄相仿的小孩子，却很可能把他的这种“假打”游戏误认为是在挑衅予以还击。

因此，当幼儿做出不适宜的行为或举止时，不要斥责他，也不能对其的所作所为置之不理，而是要让他知道凡事都应有一个“规矩线”，不能超越了这个规矩的范围。你可以明确地告诉宝宝，玩“假打”的游戏也可以，但是“假打”游戏不能偷袭，比如在大家吃饭时，或在别人不知晓的情况下，这样的游戏会惊扰别人，导致没人愿意和他玩。

定规矩，2岁正当时

2岁正是培养幼儿规则意识的好时机，太小的宝宝的理解能力和行为控制力都还不够，给他讲规矩，他不一定懂，也做不到；大一点的孩子，坏习惯已经养成了，纠正的难度就会更大。2岁后的幼儿，进入自主探索期，他开始发展自己独立自主的能力，也初步具备了辨别是非和行为判断的能力，这为宝宝接受规矩提供了基础。而且幼儿也开始有了自我意识，他开始发现“什么是我要做的”“什么是妈妈要我做的”，这个时候行为的自主意识更强烈。

2岁幼儿的记忆能力也使规矩的实施有了可靠的保障，即便大人不在场的时候，他也能主动遵守规则。当宝宝用小手指去捅电源插孔时，父母对他说，这很危险，是不能乱摸的。他就会意识到，电源插孔不能乱摸，至于产生什么后果，他是不知道的。但他会记住父母的话，不会乱捅电源插孔。

没有规矩无以成方圆，宝宝的规矩意识要尽早培养。一个建立了规则的宝宝，并不仅仅是“乖”“听话”和“好调教”。更重要的是，遵守规则的生活可保证宝宝在秩序中成长，学会判断是非善恶，自发地建立良好秩序与和谐的氛围。

明确“规矩线”，帮助宝宝自由成长

给宝宝立规矩，不能超出他行为能力的范围，由于 2 岁的幼儿理解力不强，太复杂的规则，会让他不知所措。所以给宝宝立规矩时，要让他知道明确的“规矩线”，告诉宝宝具体的行为标准是什么，不能只单纯告诉宝宝这件事不能做，还要解释清楚在什么样的情况下做某件事情是允许的。

让幼儿明确“规矩线”，不是限制宝宝，而是让宝宝知道做事的限度和底线，以使宝宝在规则的保护下，自由地发展潜力，自由地解决问题，自由地承担责任，自由地探索世界。

给宝宝树立规矩，是希望他能养成良好的习惯，而不是为了惩罚宝宝，给他的行为设置障碍。所以，要为宝宝创造有利于遵守规矩的条件和环境，而不是简单地指挥他，当他的评判官。如让宝宝按时上床睡觉，就要为他创造一个舒适的睡觉环境和氛围；想让宝宝看书的时候专注一些，就要给他提供一个安静的、没有干扰的空间。

在教育宝宝守规矩时，父母的态度也很重要。不能做一个左右摇摆的执行者，心情好时，对宝宝不适当的行为会妥协；心情不好时，又会对宝宝严加指责。这会使宝宝感到困惑，失去正确的评判标准。规矩一旦确立，要始终如一地贯彻执行。

给宝宝制订规矩，还要符合宝宝的身心发展规律，不要苛求宝宝。如要求宝宝安静地坐上半个小时，不喊叫，不吵闹，不捣乱，这显然不现实。要经常问问自己，给宝宝制订的规矩合理吗？尊重了宝宝的需要了吗？随着宝宝渐渐长大，他的行为能力会发生变化，规矩也要随之作出及时调整。

即使给宝宝制订了明确的“规矩线”，他也可能在做事的过程中重蹈覆辙，将父母的嘱托抛到九霄云外。不要抱怨宝宝不长记性，老犯同样的错误，这是由他的特性决定的。千万别指望只对宝宝说一次，就能让他了解和遵守规矩。建立规矩不能一蹴而就，随着宝宝心智的发展，理解力、自制力的提高，他会慢慢学着遵守。

和小淘气相处的技巧

2岁宝宝淘气有原因

“哗啦”一声，宝宝把抽屉彻底拉了出来，好在是橱柜最底层的抽屉，没有砸到宝宝的小脚丫。他把整个抽屉翻了过来，里面的东西散了一地。当妈妈闻声赶过来时，他正撅着小屁股，用小手乱翻一气。

妈妈真拿这个小淘气没辙，不知道这回他又乱翻些什么。宝宝只顾忙自己的事情，并不回答妈妈的问话。翻找了半天，可能是没有找到自己要找的东西吧，他站起来，翻着大眼睛往橱柜的顶部看，妈妈怕他往上面爬，赶紧制止他。小家伙使劲地甩着小手，不想让妈妈抓牢，扭身跑到了一边。妈妈无奈地摇摇头，撵在宝宝的身后，尽监护人的职责去了。

家有2岁的宝宝，就等于多了一个淘气而又蛮横不讲理的小捣乱。好奇心强的他，常常觉得自己是个小大人，凡事都想自己解决，由于经验不足，不仅常常把事情搞砸，也给身边的人带来了诸多麻烦。很多父母都说，宝宝到了2岁就变得难弄了，淘气都能花样翻新，层出不穷。脾气更是见长，总是执拗地坚持自己的主见，大人不容易跟他打交道。

为什么2岁宝宝如此难带？这就要从宝宝发育阶段的规律来分析了。

2岁之所以被作为一种标志性的年龄划分，是因为此时的幼儿已经开始掌握语法结构，能够逐渐用完整的语言表述自己的想法，这是融入成人社会的必要基础。2岁左右，宝宝的心理和行为都在发生变化。随着智力和语言的发展，宝宝开始有了一些属于自己的想法，但是由于他还没有处理事情的实践经验和能力，因此容易与他人造成“冲突”。同时，随着行动能力的增加，独立意识开始萌发，宝宝进入了人生的第一个“反叛期”。这就是父母难同宝宝融洽相处的症结所在。宝宝并非是在故意与父母捣乱，而是生理和心理发育的必然结果。

宝宝爱淘气，不是一种坏现象，他的淘气行为本身就是一种学习。在父母眼里他是一个淘气鬼，可是对于宝宝来说，却是很好玩的游戏。即使他们在搞破坏，也不是在故意气父母，是想通过破坏来达到研究的目的，是好奇心使然。当宝宝正在兴致勃勃地做他的研究事业时，父母的横加干涉会令他很不高兴，他不理解父母为什么蛮横地打断他，自然要坚持做自己的事情。结果，冲突在所难免。

其实，若能了解2岁宝宝的特点，很多矛盾和冲突是能避免的，这是父母和宝宝融洽相处的基础。

与小淘气相处要讲方法和技巧

与2岁宝宝相处，不仅要有耐心，还要有方法和技巧。当宝宝不听话时，叫停、最后通牒都是不管用的。最佳的方法是查出导致父母和宝宝之间尴尬局面的那些“致燃物质”，然后寻找一种能有效缓解父母与宝宝之间僵持局面及激烈矛盾的方法。

在亲子间发生对抗冲突的时候，父母不必急于将自己的意见坚决执行，以免使宝宝产生逆反心理。不妨这样与宝宝沟通：“宝宝，我们现在该睡觉了，因为明天还有很多事情要做。如果你现在还不想睡觉，可以选择再听一个故事或者玩10分钟，你选择哪一个?”这种多项选择法在与宝宝打交道的过程中十分见效，尽管有时两个方案都不是宝宝原来所希望的，但是2岁宝宝最喜欢那种自己拿主意、作决定的感觉，所以他能接受父母提出的建议，从中作出选择。并且因为方案是自己选择的，所以执行起来也会十分利落。

用讲故事的方式来引导宝宝，给宝宝讲道理，和他进行正向沟通，也是一个很不错的方法。很多父母会质疑“和小孩子讲道理，他能听得懂吗?”千万别小看宝宝的能力，用他听得懂的语言与他对话，往往会有意想不到的效果呢!

宝宝生来就是有秩序感的，可以利用这种心理和他共同商定日常的作息时间及对某些事情的处理方式。记住，一定要共同商定，否则一个外在的规则会被宝宝视作异己加以排斥。一旦宝宝亲自参与了商定，他便会觉得这些规则很神圣，并努力遵守。

轻松的亲子游戏能让宝宝明白应该做什么和怎么做。妈妈可以和宝宝进行一下角色转换，妈妈装成一个做事拖沓又极不听话的孩子，让宝宝扮演妈妈的角色，看看宝宝是如何来对待你的？有的宝宝会用妈妈常用的方式来处理，也有的宝宝可能会用他心目中所期望的方式来对待。父母要在游戏中细心观察，尽量了解宝宝的愿望，以便在今后与宝宝相处时，博得宝宝的好感，使宝宝觉得父母和他是相通的，这样一来，他自然愿意听父母的话，按父母的意愿去行事了。

不少父母在宝宝耍脾气时，都会采取妥协、满足宝宝需求等消极的解决方式，以使他迅速安静下来。其实，这样做是很不恰当的，只会让宝宝变得更加任性。淘气的小宝宝十分聪明，精灵鬼怪的他在试探你的忍耐底线，只要一次耍赖成功，下次他可能就会如法炮制。所以，在孩子淘气时，父母一定要坚持原则，要用他可以理解的话语告诉他，那样做是不对的。

2 岁的宝宝已经能听懂大人的话，也会看大人的表情来察言观色，耐心用心地与宝宝进行交流，宝宝便会乖巧地听从你的指令。接纳宝宝的情绪，满足宝宝的合理需求，耐心的等待，温和的言语，会使你与宝宝的沟通变得更轻松。

父母要把身份降低至与宝宝平等的地位，宝宝淘气时，可以给出合理的建议，当他把抽屉拉到地上时，可以温和地建议，抽屉就是橱柜的舌头，咱们不能让它的舌头伸出来呀。然后对着宝宝伸缩几下舌头，宝宝也会顽皮地做伸缩舌头的动作。这样一来，宝宝就会很愿意地把橱柜的“舌头”送回去。

同宝宝一起“淘气”，是与宝宝建立亲密关系的法宝。宝宝在游戏过程中，肯定没有大人那些心机和招数，同宝宝一起游戏最大的好处是能恰到好处地给予宝宝技术上的指导，让宝宝顺利过关。当他体验成功时，也不会忘记其中也有父母的功劳。这样，他就会请你当顾问，愿意听你的建议。当宝宝淘气时，就可以建议换一个更好玩的游戏，自然就使宝宝逐步建立良性的游戏习惯，不再做淘气的傻事。

适当的赞扬和鼓励对宝宝也有奇效，此时的他已经有了虚荣心和荣辱感，运用表扬的手段能让宝宝心里很受用，这样他就愿意同父母亲近，更卖力气地表现。

总之，2 岁的宝宝再难缠，也敌不住父母的亲情攻势，适时表现情感的法宝，请不要吝啬拥抱和香吻，多说爱他的甜蜜语言，让他围着父母的指挥棒去转，他就忘记了淘气和不听话的举止，从而变得乖巧起来。

允许小宝贝帮爸爸妈妈做事

不要拒绝宝宝

2岁的宝宝是个小捣乱，同时他也是一个积极的参与者。一家人刚吃完饭，他就乐颠颠地端起空碗往厨房里送，有的时候还要求自己来单独完成撤下餐桌上所有的东西。他真的是一个闲不住的小人，妈妈在洗衣服时，他毛遂自荐地要求占有水盆的一边，将两只小手伸到水里胡乱地搅动着衣物，即使累得满头是汗，也不肯停下手来。爸爸在修自行车时，他就像跟屁虫似的一个环节也不放松，即使让他扶一下自行车，他也觉得很高兴，因为他参与其中了。他也是有自知之明的，知道修理工作是件技术活儿，远比帮妈妈洗衣服复杂。所以，他多数以观察为主，偶尔动一下手就感到很知足了。

在对待宝宝爱参与这一方面，多数父母采取的是拒绝的态度，觉得他是在添乱，甚至是在帮倒忙。这种做法会使宝宝的参与热情遭受打击，以致逐渐打消了参与的念头。现在许多孩子好吃懒做，过着衣来伸手饭来张口的生活，与当初参与受挫不无关系。

2 岁宝宝的自我意识有了很大发展，他们认为自己能够做很多事情，也很愿意参加劳动。在这个阶段，如果爸爸妈妈太过爱护宝宝，生怕让宝宝做事有个什么闪失，或者嫌弃宝宝添乱，不如自己干更加简便利落，就会经常委婉地拒绝宝宝的“好意”。如，宝宝想要帮着洗筷子，妈妈总是说：“宝宝还小，等长大了再洗吧！”早上起床后，宝宝想要学着叠被子，妈妈生怕上班迟到，急忙抢过宝宝手中的被子说：“宝宝乖，让妈妈来叠吧，妈妈叠得快，宝宝以后再玩，好吗?”这样一来，宝宝便会心生不满，觉得爸爸妈妈一点都没有发现自己已经能做好多事了，什么事情都不肯让自己做。久而久之，这种不满就会转变成一种对抗情绪，凡事都喜欢与父母对着干，认为只有这样，才会表现出“我能够做很多事情，我想怎么样就能怎么样”的本领。

让宝宝愉快地帮爸爸妈妈做事

2 岁宝宝喜欢帮爸爸妈妈做事，尽管由于能力不足和有限，在做事的同时，可能会给父母添加更多的麻烦。即使这样，也要允许小宝贝为你做事。这会让他有一种“我长大了，能帮爸爸妈妈做事了”的成就感，这种成就感和自豪感能给他带来精神上的愉悦，使宝宝更乐意接受父母的教育和引导，从而使亲子关系更密切。少了对抗和不满，与宝宝沟通起来自然就很便捷和顺畅了。

允许和鼓励宝宝参与日常生活中琐碎的家务事，也是开发宝宝潜能的方法之一。除了可以培养幼儿独立自理的能力，还能够培养他们的责任心和爱心，使宝宝从小养成爱劳动的优秀品质。同时，对于培养宝宝勤于思考、解决问题的习惯和能力也是十分有益的。还可以使他获得多方面的认知，培养宝宝的秩序感和逻辑思维。如果父母总是拒绝宝宝做事，久而久之，宝宝会觉得事事由父母包办是很自然的，这会使他在父母的过度保护中，形成依赖的性格特征，最终导致孩子丧失掉全部的独立性。

由于2岁幼儿的身心发展尚未成熟，并且能力有限，在帮爸爸妈妈做事的过程中，难免会给家长带来一些不必要的麻烦。不要嫌宝宝帮倒忙、添乱，不要怕浪费时间，这是宝宝的学习过程，宝宝就是在这种不断地摸索和实践中学会做事的。也不要轻易指责宝宝做的不好，这会打消他的积极性，挫伤他帮成人做事的热情。急躁情绪和命令的口气会让宝宝产生逆反心理，使宝宝的主动劳动变成被动，孩子就会觉得没有成就感、没意思，也就不愿意做了。所以，对待宝宝要有耐心和宽容之心，要允许小宝贝为爸爸妈妈做事，让他愉快地参与劳动。

让宝宝参与劳动，应先从安全系数高、风险小的身边小事做起，如让他扫地、擦桌子，或是洗洗自己的小手绢等。当宝宝独立完成一件事情，他会非常有成就感，总是充满期待地问："妈妈，我是不是很能干?"看，宝宝想长大的愿望多么强烈，让他做做家务，他就觉得自己和家长更平等了，这也会使宝宝越来越自信起来。

对于一刻也闲不住的宝宝，他这种没事找事做，是可喜的进步，父母要大力给予支持。如果宝宝只管在外面玩耍，而不主动参与到家务中来，并非好现象。宝宝参与家务劳动的锻炼，是锻炼他有照顾家的观念的好时机。让宝宝知道，家是温馨的港湾，这个港湾是需要全家人来维系的，宝宝是家庭中的重要一员，是不能缺席，也是不应该缺席的。

宝宝和父母一起做家务，还可以宝宝参与群体活动的预演，使宝宝养成安于协作的习惯，能够接受不同的分工，并且做好分内的事情。即使是简单的家务，也可体现出协作分工带来的好处。晚饭后，爸爸负责撤下餐具，擦桌子，妈妈负责洗碗洗锅，宝宝负责扫地，全家人在很短的一段时间里，就完成了各项家务，节约了时间，减轻了劳动强度。

为了使宝宝能长期坚持做家务，可以与宝宝进行竞赛。看谁做得又快又好，宝宝的争强好胜心就是动力，为了赢得第一，他就会安心认真地做好每一个环节，就不会草草收工，养成认真的好习惯。

榜样的力量是无穷的，要想宝宝勤快，父母就不能懒惰。要想宝宝认真做事，父母就不能做事不彻底，爱留尾巴。宝宝眼里的父母，就是自己行动的准则，他的学习生活，多是从父母那里得到的，宝宝爱参与家务，就是在向父母学习家务，只是他不会说出“我要请妈妈当老师”的话来，可是他却用实际行动来拜师。

宝宝能帮爸爸妈妈做事，在他小小的心里是一件很快乐的事情。所以，在引导宝宝做事时，必须符合幼儿爱玩、喜欢游戏的心理特点，将宝宝的这份快乐进行到底。如宝宝喜欢玩水枪，不妨引导宝宝用水枪给花浇水，这样，就把宝宝爱玩水的兴趣和劳动巧妙地结合起来。结果宝宝特别有兴趣，不用父母提醒，就会定期给花浇水。别忘记对宝宝的劳动表示感谢，一个甜甜的吻或一句“谢谢”，足以让宝宝高兴半天。

顺应孩子的目标

顺应，实现与宝宝的完美沟通

宝宝做事情也许不追求完美，但是只要是他认定的目标，就一定会坚持下去。这个时候，他不希望别人随便叨扰，更不喜欢按别人的意见去改弦易张，轻易放弃自己的既定目标。宝宝为了弄清玩具青蛙为什么会叫，就想把它“肢解”，要找出藏在里面的小青蛙。当他把玩具拆得七零八落，也没有找到想要的小青蛙时，才肯住手。如果妈妈阻止他拆卸玩具，肯定要遭到宝宝的强烈反抗，甚至不惜动用发脾气、大声哭闹、咬人来坚持自己的主张。

妈妈对宝宝的这种执拗当然很生气，一个好端端的玩具就这样被“消灭”了。她不明白宝宝为什么爱搞破坏？不明白他为什么总是那么的执拗而不听人劝？

很少有人关注2岁宝宝情感世界的细微变化，觉得2岁的宝宝只不过是懵懵懂懂的小人一个，他能有什么思想。其实，随着自我意识的萌芽，宝宝的情感世界已经是很丰富的了，如自豪感、自尊心、羞愧感、同情心等，都已经产生。再也不能不把他当做一个独立完整的人来看待。否则，小小的他也会使出反制措施，要么不答理你，要么出现反抗情绪。父母不能片面强调让宝宝听话，要平等地与宝宝交流，多思考一下，想想宝宝是否有他自己的道理。不要因为你是父母，就强迫宝宝对你言听计从，要给孩子思考和说话的机会，让他心服口服。

宝宝做事执拗，是因为他不喜欢别人打扰他的“专注”，他做事的原则就是不达到目的不罢休。由于他的心智还不够完善，他并不懂得自己做的事情是不是有意义，是不是合情合理。他对自己设定的目标不轻易更改，为了达到目标，做起事情来很执著。在父母眼里，宝宝是一个典型的不听劝、不听话的孩子。

宝宝这种不听话的行为，是心智发育阶段所必须经历的，当他心智发展到一定程度时，自然能接受合理化的建议。为此，父母不必为宝宝的执拗而大伤脑筋，不妨顺应他的目标，这样更利于宝宝的成长。只要宝宝的做法对安全没有大碍，不是破坏行为，不妨放手让宝宝按照他的想法和目标去完成自己的愿望。这会使宝宝感到受尊重，从而更愿意配合父母，听从父母的教诲和指导。如果对他的主张强行压制，宝宝就可能要“坚持己见”，父母往往会认为孩子变犟了、不听话了。

其实孩子犟不犟，与父母的态度关系很大，如果父母总是摆出绝对权威的样子，不尊重孩子，不给孩子“自主权”，孩子就会心生不服。因此，要学会尊重孩子，听听孩子的想法，并加以肯定或诱导，这不仅会使父母与孩子的沟通更顺畅，而且对孩子性格的发展也有很大的影响。

实际上，过于强调宝宝“听话”，容易培养儿童的奴性，使其毫无独立性，对所有问题缺少个人见解，对邪恶势力无力抗争，还会因长期压抑而引起性格扭曲。千万不要把孩子培养成唯唯诺诺、百依百顺的可爱小人。别看宝宝在小时候是一个温顺的孩子，当长大以后可能会成为“问题”少年，用制造麻烦代替说“不”。所以，当听到宝宝说“不”的时候，不要有受伤或者失败的想法。他的否定行为表明孩子开始产生了自主意识，试图了解周围的环境，建立自己的好恶观念，表达个人的需求。

顺应不是妥协和纵容

对于儿童教养的方法，传统上分为“权威”法和“顺应”法两种。“权威”型的父母多采用指示、命令、威胁和惩罚，这会使父母与幼儿之间产生消极对抗的关系，导致幼儿形成不良的心理和行为，如发脾气、不听从管教、固执、为所欲为、缺乏自信心等。在民主家庭氛围中，父母一般多征求孩子的意见，在许可的前提下尊重孩子的意愿，顺应孩子的目标和想法，给他一个自主决定的机会，让孩子有选择的机会并且在尊重孩子的基础上给予引导。

顺应是尊重孩子的天性，是保护孩子的先天自然选择，是指家长不要强迫性地用命令去要求孩子放弃这种自然选择的权利。当然，顺应并不是妥协，更不是纵容，而是在坚持原则的情况下，去顺应宝宝的合理要求或行动。宝宝要求看花看草，是要积极配合的，因为他在学习和观察，是增长见识的正确行为。在宝宝要折枝或毁坏花草树木时，则要拒绝宝宝，并给宝宝讲明不能这样做的原因，使宝宝明白，损坏公物或观赏性植物是不道德的行为，不是好孩子。

对于一个 2 岁的宝宝来说，也难免会有一些无理要求。当他想吃到更多糖果，在请求得不到批准时，可能会采取撒泼耍赖的方式来要挟父母。在这种非常情况下，就不能顺应他的无理要求了，可以采取把糖果锁起来，然后转移目标的办法，给他吃甜味的水果。当宝宝安静下来后，再给他讲明吃过多的糖果对牙齿有害的道理。其实，宝宝很多时候面对“不许这样”时，更多是因为觉得没有选择的余地而反抗的，如果能有替代的方案，他也不会一犟到底。必定一个 2 岁的宝宝，还是比较容易被新鲜事物所吸引的。

2 岁的宝宝已经是个小大人啦，凡事都有自己的想法和意见，在父母总是问他“行不行”“好不好”的时候，他一般都会回答“不行”或“不好”，因为在他的心目中要以“否定”来肯定自己的存在。为此不妨在一些小事情上让宝宝来做一次主，比如玩什么玩具、听什么音乐、穿什么鞋子等，在这个过程中，让宝宝自己去判断、去决定一些事情，让他从中获得成就感。

多陪伴幼儿

2岁，宝宝建立安全感的关键期

宝宝到了2岁，开始出现离不开妈妈的现象，他总是寸步不离地缠着父母，不想父母走开。向来可爱的宝宝为什么一改往日的温顺，成为一个不可理喻的小缠人精?

这要从宝宝的安全感谈起，2岁的宝宝正处在建立健全人格的关键时期，也是建立依附关系的重要阶段。他对于父母的依赖是无条件的，需要父母花费大量的时间来给宝宝建立安全感。

宝宝之所以缠人，是因为当他离开熟悉的父母时，会产生陌生感和孤独恐惧感，这使宝宝处在一种孤立无援的环境当中。经常听到有的小宝宝说“怕”，就是幼儿心理孤独的反应。2岁幼儿采取一步不落的缠人战术，其实是由于宝宝的安全感缺失。他可不管你什么时候上班，有什么重要的事情要做，在他的眼里，爸爸妈妈就是自己的依靠和安慰，就是一刻也不能分离。

宝宝的成长，离不开父母的陪伴，值得父母投注更多的时间与心力。然而，许多父母在沉重的生活压力和繁忙的工作之下，能给宝宝的时间却少之又少。日积月累之后，亲子互动就成了大问题，在情感上黏合度被减弱，宝宝和父母在无形中产生距离感。那些很少同宝宝在一起的父母都有这种感觉，宝宝越来越不愿意和父母亲昵相处了，有时候对父母的来去不再敏感，甚至根本无视父母的存在。

缺少了父母的陪伴，对宝宝的影响更是巨大的。当宝宝需要父母关心、陪伴的请求被拒绝后，他会非常失望，导致心情烦躁、脾气多变，甚至会通过摔打自己的玩具来发泄内心的不满。那些从小到大很少有父母陪伴的孩子，由于不能很好地和父母接触、父母也不重视与孩子的交往，长大后多数性格孤僻，不合群。甚至成为问题儿童、问题少年，一些离家出走、喜欢泡网吧、爱打架的孩子。追根溯源，都能找到幼年缺少父母足够的陪伴和爱等有关的原因。

孩子年龄越小，对家人关爱的感受就越明显。虽然对于 2 岁的幼儿来说，这种感受通常没有得到表达，但事实上，它已经悄悄地植入到了宝宝的潜意识中。待宝宝长大后，这些从小储存于宝宝心灵深处的关爱，可以帮助他们更加热爱生活，更加具有战胜困难的勇气和信心，如果这种“爱”的储藏不足，当他们面对挫折和困境的时候，就很容易选择一些不良的极端行为。

用心陪伴，让宝宝在溢满爱的小窝里健康成长

年轻的父母在孩子很小的时候应尽量多陪伴孩子，因为对于每一个孩子来说，成长的机会只有一次。为了孩子身心健康地发育和

成长，在忙碌的工作之余，务必要抽出一些时间，尽可能多地陪伴宝宝，与他一起游戏，一起玩耍，一起共同度过一段美好的时光，从而建立起良好的亲子关系。

许多父母觉得小孩子就应该得到独立的锻炼，整天同父母黏黏糊糊地泡在一起，不利于培养孩子的独立意识。这是理解上的错误，培养孩子的独立意识，独立能力同样需要父母的指导和陪伴。

尽管 2 岁的宝宝已经不像小婴儿时那样需要父母更多的抚摸、拥抱等肌肤接触，但他们对父母情感上的需求却在急剧增多。多陪伴幼儿，可以让孩子在心灵上产生受重视的感觉。在宝宝的心里，能和父母在一起游戏、玩耍，能得到父母用心的陪伴和关爱，是他感到最快乐的事情。宝宝不在乎父母给他买了多少玩具，也不在乎给他买了多少好吃的东西，只是希望父母可以陪伴在他身边，给予他足够的精神关怀。宝宝在得到父母的爱与关怀的时候，他的稳定情绪与自信心就会持续增长。所以，用心地多陪伴宝宝，让宝宝在欢乐和纯真的氛围中健康成长，才是送给宝宝的最好礼物。

陪伴，可以是和宝宝一起完成某件事，如游戏、聊天、读书，也可以是在一旁静静地陪伴，洞察宝宝做事时的情绪变化。只要对幼儿用心的陪伴，在陪伴他的过程中，能够进入到一种全身心投入的忘我状态，那么，你完全可以在半小时的时间内赋予孩子 24 小时均在其身边的充实感。

对于宝宝来说，较之与父母在一起的时间“量”，父母和孩子相处时所传达的爱的“质”更为重要。即便你与宝宝在一起的时间十分有限，但只要在这短暂的陪伴中能令他感受到高度浓缩的爱，宝宝也就会感到满足和欢心，从而使你与宝宝的关系更密切。这种高质量的陪伴和交流活动，会对宝宝的社交能力和智力发育起到至关重要的作用。家是孩子良好人格形成的摇篮，幼儿与父母的关系，是塑造其人格的重要基础。

陪伴，不只是和幼儿待在一起，而是和宝宝的心连接在一起。细心倾听宝宝的声音，关注宝宝的每一个动作，深情地看着宝宝的眼睛，并且尽情地拥抱和亲吻宝宝，把对宝宝的关心和爱，满满地表达出来，使宝宝每天都能感受到暖暖的爱。

如果想使亲子感情更密切，少些沟通的障碍，那就尽量多抽时间来陪伴孩子。其实，只要天天坚持同宝宝进行良好的互动，他就不会黏人了。因为，他知道父母同他在固定的时间里相处的，他在期待那一刻。所以，只要你不失信，宝宝就会大方地让你去上班，去干大事业。

根据孩子性格来相处

2岁的宝宝出现了性格的最初萌芽

2岁的宝宝除了撒娇耍赖外，还会支使别人。放在桌子上的苹果，他自己不跑去拿，而是嗲声嗲气地要求妈妈拿给他。等问他为什么自己不去拿时，他得意扬扬地说“我高兴”。这标志着宝宝已经“知道”了自己的力量，开始会支使别人了。他知道自己的要求，别人会答应。随着开始支使别人，他的小脾气也高涨起来，有时还会给父母来个小态度。

从前温顺听话的宝宝之所以出现闹脾气的现象，是2岁宝宝随着心理过程、心理状态和自我意识的发展，开始出现了最初性格的萌芽。此时宝宝的性格还不稳定，有的沉静内向，有的活泼外向，有的显得有些怯懦，而有的显得过于霸道。

性格可以决定命运，性格从小的时候就在孩子的身上发挥着作用，而且自始至终贯穿在整个生命中，决定着他们的思维模式和行为模式。

2 岁正是宝宝性格形成的萌芽期，也是性格形成的关键时期。正如世界上没有两片相同的树叶一样，世界上也没有两个完全相同的人。幼儿自性格产生之初，就开始分化出不同的个性特征。

儿童性格的形成除了先天的遗传因素外，其生活的环境和家庭教养方式也起着决定性作用。婴儿正是在家庭环境中，由先入为主的生活习惯和固定的行为方式养成了最初的习性，并以此构成其性格组合中的最基本成分。如宝宝长期与父母同床、同室，会养成宝宝对父母的依附性和依赖性，甚至变得胆小怕事。对于那些从小锻炼宝宝自理能力，让宝宝靠自身能力解决问题的家庭来说，宝宝更具有果敢的品质和坚强的意志。在比较民主的家庭环境里生活的宝宝，性格也比较开朗、不霸气。而生活在父母脾气都暴躁的家庭里，即使他们对宝宝关爱有加，也会影响到宝宝的性格。

每个幼儿固然有其独特的性格，而同年龄的幼儿又具有某些共同的性格特点。年龄越小，其共同性就越明显，因为性格是在不断的生活实践过程中逐渐形成的。随着年龄的增大，人与人之间生活经验的差异也越大，由此导致性格差异也就越大。2 岁宝宝典型的性格特点主要表现为：活泼好动，好奇心强，喜欢模仿，性情冲动。这些共同的年龄特征，在幼儿不同的个性特征中，又具有不同的表现形式。比如，同属活泼好动，有的幼儿相对安静一些，同属性情冲动，有的宝宝则相对能有些自制能力。

与宝宝相处，需“对症下药”

没有任何单一或成套的教育方式适合所有孩子。因为，每个孩子都是不同的个体，每个孩子都是独一无二的，每个孩子的性格也有所不同。要想实现与宝宝的良好沟通，应先了解宝宝的个性和情绪，然后根据宝宝不同的性格去与之相处。如此“对症下药”，才能起到事半功倍的效果。

家有倔强、有主见、胆子大的宝宝，要给他们一定的职责和决定空间。不妨让宝宝来做一些无伤大碍的决定，如去超市购物时，让他来挑选物品的颜色或口味。这会使他产生成就感，觉得自己很有面子，也会投桃报李地配合父母，而不轻易“闹事”。这样的宝宝觉得自己是顶天立地的、高大的，愿意成为别人的“保护者”，可以利用宝宝这种甘当英雄的品行，从小给他们一种被依赖的感觉。你可以经常向宝宝示弱：“今天多亏儿子了，没有宝宝的帮忙，妈妈就没辙了”，这样，他们会表现得更加出色，也会更加卖力气表现。这种性格的宝宝由于思维活跃，敢作敢为，所以，不能采取放任的方式进行教养。否则，他们什么都不怕，什么祸都敢闯。适当的严格要求是必要的，必须建立严厉的规矩让他遵守。

家有易发脾气、暴躁的宝宝，记住，一定要给他们留有情绪空间，允许宝宝发发脾气，把心中的郁闷释放一下。这是他们的生理需要，是自我发泄情绪的一种方法。当宝宝发脾气时，不要讲些不合时宜的话语，以免使他火冒三丈，甚至做出破坏性的危险举止。在日常生活中，要帮助这些风风火火的宝宝放慢节奏，要有意识地让他知道，人有的时候是可以慢下来的。慢下来时的思考会更全面、更稳妥，所以让他们遇到事情的时候不要急于作决定，而应思考一下。

家有淘气频率高、小动作多、闲不下来的宝宝，不要误认为他是小儿多动症患者。这是他性格使然。对于这样的宝宝，要经常描述他的长处，并且最好是人多的时候描述。他喜欢听赞歌，属于那种感受型的，你要是不说出来，他们是不会知道的。要经常让他们感受到你的爱，平时多去搂一搂他们、抱一抱他们、拍一拍他们的小脸，握握他们的手。许多父母觉得对孩子还是严格点好，特别是闲不住的宝宝更是如此。其实不然，对这种性格的宝宝最好不要太严格要求，他们在性格上是粗线条的，整齐划一、井井有条与他们无份。细节上的严要求，会使他们感到非常痛苦，静不下心来，也捺不住性子。特别是不能总拿他同别的孩子作比较，这易使他们泄气而选择放弃努力。利用游戏来同这些淘气的宝宝进行交流互动，远比说教更管用，这会使他更乐于接受父母的指导和建议。

家有腼腆、性格内向的宝宝，会令父母省些力气。做父母的不妨粗线条一点儿，不要过于严格要求他们，他们本身就对自己的要求很高、很严，加之父母对他们高标准的要求，会加重他们的压力。在言谈举止上，应尽量选择和风细雨的方式，千万不可用愤怒的语气对待他们。因为他们脸皮薄，即使你大声说话，也很容易让他们感觉到是在挨批评。多对宝宝表扬，他们会很受用，也懂得珍惜。同宝宝交流沟通时，父母要主动，要耐心地关照他们。如果从父母那里得到很大的安全感，他们也是很愿意表达的。内向的宝宝是被动型的，他的节奏会稍慢一点儿，所以不要让他们立刻作出决定。而是给他们时间，催促是没有用的。因为他一定要想清楚了、想完整了、想得完美了才会说出来。

总之，同宝宝相处，要对脾气，不同的宝宝性格也不同。父母要悉心观察宝宝，看他属于那种类型，然后有的放矢地相处。只有这样，亲子历程才能顺畅，也更加密切。

不厌其烦地讲道理

宝宝的记忆还没有发展成熟，需要妈妈经常提醒

许多父母都很困惑，自己2岁的宝宝竟然如此难相处，不知道要和他讲多少遍道理，他才能记住。2岁宝宝不懂道理、不懂规矩，经常做错事情，父母同他讲道理，让他改正，可是小家伙就是屡教不改，总是犯同样的错误。

难道说宝宝不听大人的话，是一个故意做错事情的小捣乱吗？

当然不是，因为2岁的宝宝大多还属于无意识记忆，有意记忆还没有发展成熟。他们对事物的认识，往往是无意中进行的，甚至是让他记什么，他就记什么，自己没有主动的目的，并没有真正接受记忆的任务，他们的回忆，都是依靠无意识保存下来的。正因为宝宝在记忆的时候以机械记忆为主，并不是在理解的基础上进行记忆的，而是根据事物的特征加以记忆，他们往往记得快，忘得也快。

所以，对待2岁的宝宝，千万不要急躁，要耐心地、不厌其烦给他讲明道理，不仅要告诉宝宝要怎样做，并且还要向他解释这样做的原因。否则，宝宝总是记不住父母的“谆谆教导”，干出掉链子的事情来。已经交代宝宝吃过饭之后要洗手之后再玩，他听得十分认真，答应得也很干脆，妈妈嘱咐了七八遍，他也回答了七八遍。可是吃过饭之后，宝宝仍然不洗脏手就拿玩具玩，妈妈只好把玩具“抢过来”，提醒他不记得和妈妈的约定了？他一脸茫然地看着妈妈，很认真地摇摇头，表示不记得有什么约定。

要想让 2 岁的宝宝不常犯“小迷糊”，最佳的办法是同他不厌其烦地讲道理，不要为宝宝的忘性大而气馁。特别是当宝宝发脾气、不听话、做错事的时候，更是要不厌其烦地给孩子讲明白做错事的原因，以及告诉宝宝应该怎样做的道理。2 岁的小宝宝已经能够听懂妈妈所说的话，但由于宝宝在 3 岁前的记忆能力较弱，所以，必须运用“重复”的记忆手段帮助他来增强记忆。一般来说，2 岁左右的宝宝可以回忆起几天以前的事，所以宝宝需要经常得到提醒。

给宝宝讲明道理，才能使亲子沟通更顺畅

为了亲子沟通顺畅，要习惯和宝宝讲道理。不要怀疑同宝宝讲道理他听不懂，其实宝宝很聪明，他能读懂父母的表情，能听懂赞扬和批评，能知道谁喜欢他。但宝宝需要去诱导，需要与父母经常性地互动与交流。

当宝宝缠着妈妈，不要妈妈去上班而留在家里陪同他时，妈妈应提前起床，同宝宝讲上班的目的，告诉宝宝妈妈会很快回来陪宝宝的。出门前，一定要抱抱他、亲亲他，让宝宝等待妈妈回来，然后和宝宝说再见，把氛围搞得轻松亲热些，自然宝宝就会在家期待很快就会回来的妈妈。

在同宝宝讲道理时，首先是把自己放到跟宝宝平等的位置上，坚定地相信：宝宝可以听懂我们说的每一句话。同时还要非常有耐心，不怕重复，态度亲切，语言和蔼，多些鼓励和表扬。宝宝习惯在父母的表扬中成长，这样，在给他讲道理时，宝宝也更容易接受一些。即使宝宝犯了错误，也不要指责他，宝宝只有切实地体验才会避免少犯错误。

给宝宝讲道理，应根据不同的环境，去让他理解，在环境中去体会，慢慢地宝宝就会和你非常自由有趣地互动了。选择宝宝情绪稳定的时候讲道理，往往会起到事半功倍的效果，在和宝宝游戏玩耍的过程中给他灌输道理，心情愉悦的宝宝也更乐意接受父母的教诲。

同2岁宝宝讲“大”道理是不太现实的，他真的理解不了。最好的办法是用宝宝体会过的感受讲道理。宝宝对家里的电饭煲煮饭时冒的蒸汽产生了浓厚的兴趣，老想伸手去触摸，任凭父母怎么解释烫啊、危险啊，他都听不进去，令父母很是为他担心，只好边讲道理边在做饭时操心地看护好他。其实，宝宝真的不理解“烫”“危险”这些词是怎么回事，聪明的父母不妨在冬天里让宝宝摸摸暖气管，让他来体验一下被烫的感觉，告诉宝宝暖气烫人，白汽更烫人。或者让他轻轻触摸一下倒在杯子里的热水，这样宝宝就记住了，再也不会要求伸手去摸锅里的蒸汽了。并记住了烫的感觉、烫的意义，更记住了父母同他讲的道理。

让宝宝从父母的感受中懂得道理，也是一个非常有效的说服办法。许多宝宝非常善于察言观色，他们经常在父母不注意的时候观察模仿。如果父母有不高兴的情绪，他们也会琢磨这个表情的含义。宝宝在发脾气时不听妈妈的话，还咬妈妈的手。妈妈表现出很疼的样子，并告诉他："你把妈妈咬疼了"，然后问他"现在妈妈疼了，怎么办呢?"由于宝宝体验过摔倒时的疼痛，所以他会用小手轻轻地摸摸妈妈的手，相当于揉了揉，这说明宝宝已经知道自己错了，下回便不再咬妈妈了。

行动是对语言最好的解读，让宝宝从父母的示范中明白道理，远比空洞的说教管用。宝宝可能听不懂复杂的语言，但是父母的示范能使他们了解很多说教代替不了的事情。如果不希望宝宝登到高处危险地向下看，父母也最好不要当着宝宝的面，站在凳子上或床上关窗户。

2 岁的宝宝自尊心已经很强了，给宝宝讲道理，会使他感受到来自父母的尊重。要避免一味地数落宝宝，责怪宝宝这也不是那也不对，这会让宝宝产生自卑心理和逆反情绪，变得更加不讲道理。

营造谈心的氛围

谈心要有氛围

没有几个2岁的宝宝不是霸道的，他们强词夺理、莽打莽撞、撒泼耍赖、横抢楞夺，仿佛这个世界都是他们的。宝宝看到别人手中的玩具，他在一旁觊觎多时，看准时机突然出手，一下子把别人的玩具“占为己有”。如果被抢夺者是一个勇敢捍卫自己权益的宝宝，就会立即出手来进行反抢夺，于是便会上演一幕你抢我夺的“玩具争夺战”。若是性格柔弱的宝宝，就会站在那里大哭一通，寻求父母的帮助。

宝宝到了2岁，开始建立“自我王国”，变得有些喜怒无常，他不再只是被动地接受指令，而是要平等地与人相处。当然，他们并不懂什么是平等、什么是权利，更不会说出一番大道理。当自己感到受侵害或不被重视时，就会采取强词夺理或破坏性举止来“维权”，如果父母与宝宝间沟通时使用方法不当，是不容易说服宝宝的。

宝宝并非一味地蛮不讲理，他是能够听懂父母所传达的意思的，只是他是否感兴趣听。所以，为宝宝营造一个良好的谈心氛围是十分重要，也是十分必要的。

轻松的交流环境，和谐的谈心氛围，是同宝宝沟通的最好添加剂。在轻松愉悦的情境中，宝宝心情舒畅，对于父母的教诲他才能听得进去，也更愿意配合家长去做事情，从而实现与宝宝的良好沟通。相反，如果没有一个适宜的谈心氛围，宝宝也许非但不听从父母的指导，反而会助长他的霸道和蛮不讲理。

为宝宝精心营造一个轻松的谈心氛围

2 岁的宝宝已经是小人精了，别看他懵懵懂懂的，只知道玩耍，没有心机。其实，他可是一个鬼精灵。要想让宝宝高兴理你，听从你的指导和教诲，就要摸透他的小心思，采取对症下药的办法才可以。

谈心是一种交流和沟通，是一种谅解和共鸣，更是一种真情的流露。通过与宝宝谈心，可以及时地掌握他的思想动态，帮助宝宝学会正确处理生活中遇到的问题。聪明的家长与宝宝谈话时，并不总是正面对着，而是并肩同行，朝着一个方向，这样谈起话来，显得轻松、自然、很有人情味，宝宝愿意听、也乐于接受。

蹲下来和孩子说话，和宝宝做朋友是最佳的手法之一。这样，宝宝觉得与父母之间没有了高度，也没有了距离感，他才乐意同你说话，甚至把最近的小秘密告诉你。

良好的氛围、适宜的情境会使人轻松愉快、心旷神怡，更容易使彼此打开心扉。谈心时，可以尝试在公园里，或者宝宝喜欢的娱乐场里交谈。先不要进入话题，等宝宝玩得开心后，再同他沟通。当宝宝坐在水边的石头上，晃动着悬空的小腿时，妈妈可以靠近宝宝，蹲在他身边，边和他观看周边的景色，边和宝宝谈心。

营造良好的谈心氛围，除了环境因素，还有心理因素。二者是相辅相成，缺一不可的。如果宝宝心里不痛快，即使处在一个鸟语花香的环境里，他照样撒他的小脾气。在选择谈心时机时，还应注意自己和宝宝当时的心理状态。如果双方都在气头上，根本就难以找到共鸣。所以，在家庭气氛不正常时不要谈心，很难说宝宝刚刚犯过错误，被爸爸骂了一顿或打了他的小屁股，妈妈过来和他谈心他会欣然接受。只有选择双方都心平气和的时机，随意地开启话题，并像对待朋友一样自然地聊天，宝宝才会更容易进入状态。

2岁的宝宝喜欢表现，也喜欢表达，父母还应该学会做个倾听者，给宝宝充分表达自己想法的机会。倾听是沟通的前提，只有倾听宝宝的心里话，知道宝宝想什么，关注什么和需要什么，才能有针对性地给予他关心和帮助，也会使以后的沟通变得更加容易。宝宝向妈妈诉说着高兴的事，妈妈应该表示共鸣，不应该显示出漠不关心的样子，令高兴的宝宝失望。即使你不感兴趣的话题，也应该耐着性子听，表示你关注他的谈话内容，可以使用“嗯”“是吗”“后来呢”等词，表示你在认真地倾听，鼓励宝宝继续说下去。如果不时地插上几句“宝宝真棒”，他更会高兴得满心欢喜。

看来，小家伙总是喜欢听赞美的语言，要想与宝宝的沟通更顺畅，就不要吝啬对宝宝的鼓励和赞美。一声呵斥，可能会对宝宝小小的心灵产生重大的影响。最好不要将“你怎么越大越不乖?”“你怎么就不能像隔壁的某某呢?”经常挂在嘴边。宝宝会觉得妈妈不喜欢自己了，会让孩子产生更强烈的逆反心理。而恰到好处的赞美和欣赏，则会大大增强宝宝的自尊心和自信心，是父母与宝宝进行良好沟通的润滑剂。

与2岁宝宝谈心，没有十足的耐心是不行的。也许在你费心费力地“谆谆教导”时，淘气的小家伙已经开始我行我素地爬高上梯了。况且，宝宝的记性很差，妈妈刚刚交代的事情，转身可能就忘了。父母要有足够的耐心，容忍宝宝，给宝宝成长的机会。如果过于急躁，沟通就会成为泡影。

与宝宝的谈心可以经常进行，不求长谈，只求效果。2岁的小宝宝也不喜欢听人啰唆，因此与宝宝的交流不要没完没了地唠叨。在谈话达到目的后，就应该适可而止。诙谐幽默的语言，能使宝宝与你快乐地交谈，所以，在谈心中加些幽默要素，宝宝是很乐意接受的。

宝宝不就是喜欢玩嘛，不妨在游戏中加上所要交谈的话题，别看他在专注地玩，其实你的话他也搜集进了小耳朵里，因为妈妈的谈话也是他玩的内容。

当然，要想创设良好的谈心环境，民主是关键。与宝宝的沟通，实际上是两个生命的平等交流。不要把宝宝放在从属的地位上，而是要把他当做朋友。只有这样，宝宝才能敞开心扉，与你进行沟通。

要提建议，不要直接帮助

别让“直接帮助”伤害了宝宝

宝宝正在搭积木，可是总也搭不成，笨拙的小手一次又一次的努力，最终以失败告终。妈妈在一旁看不下去了，伸手拿起一块积木就往上面放。这下可了不得了，宝宝气得哇哇大哭，手推脚蹬地将积木搅得乱七八糟，最后哭得满头大汗。妈妈有些手忙脚乱，不知道该如何安慰哭闹的宝宝，任凭怎样甜言蜜语，也劝阻不住。妈妈怎么也想不通，宝宝为什么气性这么大，不就是帮他搭一下积木吗?

2岁宝宝正是犯“倔”的时候，做什么事情都喜欢“自己来”，很可能你帮他做好了，他反而要大哭大闹，把你的好心当成了驴肝肺。

许多父母都曾经犯过上面那位妈妈的错误，善意地帮助宝宝，反而引起宝宝的不快。2岁的宝宝正处在对所有的“新生事物”都感兴趣的阶段，也正处于自我意识和独立意识的萌芽时期，他喜欢自己独立做事和探索，对他人的帮忙很是反感。当宝宝在专心致志做事时，是不喜欢他人打搅的。在成人眼里，宝宝在做傻事情，在干无用功，可在宝宝眼里，却是了不起的“大事业”，正在兴头上的他，正在享受成就感的他，怎么会让别人随便打断呢！

对于正在做事情的宝宝来说，父母适宜的指导和建议，远比直接插手帮助他要好得多。比如那位帮宝宝搭积木的妈妈，如果她没有直接帮助完成，而是向宝宝温和地提出建议，“哎呀，这个大房子该封顶了吧”，宝宝也许就会愉快地接受这个建议，照妈妈所说的去做，而不是被气得哇哇大哭。

宝宝要干的事情，就让他自己去干，不要代替他、帮助他。当准备带宝宝出门时，宝宝在笨拙地自己穿鞋子，忙活了半天也没有穿好。这时候与其指责或蹲下身来替宝宝穿上，不如和他一起重新穿鞋子，并在一旁演示如何穿鞋。

不必要的帮助是宝宝智慧发展和性格发展的最大障碍，宝宝在努力做着自己的事情，并非单纯是为了玩耍，而是在探索这个未知的世界。在不断地探索中，宝宝锻炼了思维，认识了世界，学会了如何做事，体验到了成功与失败，这是宝宝的成长过程。而那种做事成功之后的成就感，带给宝宝的快乐是任何其他快乐都难以比拟的，它直接影响到宝宝的自我评价，使宝宝更自信、更积极主动地去努力。

给予宝宝自由探索更重要

给予宝宝建议的同时，还要给予宝宝探索的自由。一定不要阻止宝宝探索世界的热情和行为，不要做宝宝探索之路的绊脚石，这有助于培养宝宝的耐心和锲而不舍的精神，让他对这个世界永远充满了兴趣，对探索这个世界永远兴致勃勃。

父母看似好心的关照，殊不知，却是在扼杀宝宝的探索欲和创造力。所以，一定要给宝宝充分的自由，为他辟出一片自由活动的天地，任凭宝宝如何“折腾”，这远比花大价钱送他去兴趣班更有效。因为，他感兴趣，愿意去努力探究。

父母不要以成人的眼光来看待宝宝一些不可思议的行为。对成人来讲，幼儿对那些琐碎的或毫无用处的东西那么感兴趣，实在是稀奇古怪，甚至不可理解。当宝宝发现桌布歪了，他就想应该怎样将它摆平，宝宝表现出自己最大的耐心，慢慢地试图弄好它，尽管费了九牛二虎之力，还是没有成功，但这对于发展阶段的宝宝来说，是一种令其兴奋的行动。这时，成人要避而远之，不要去制止和妨碍宝宝的努力，保护宝宝体验成功的机会。

2岁的宝宝由于身体协调能力还比较差，做事情时难免受到挫折，宝宝的情绪就会非常沮丧。这时，不必帮助宝宝避免受挫，应该帮助他如何去面对挫折。可以给宝宝一些语言上的暗示，如“这个红色的积木放在下面好像更稳当”“把电扇关掉扫地就容易多了”，而不要自己来帮助宝宝把所有的事情做完。不过要记住，只有在宝宝受到挫折时，才能考虑给予必要的提示，使他顺利地一路闯关下去。

2岁宝宝所从事的大都是些积极的“工作”，无论看、听还是触摸。通过感官和运动，让幼儿认知外界的事物，认识自己的行动与外界事物之间的关系。所以，只要对宝宝没有伤害的行为，就不必过多干涉，只需为宝宝提供安全的探索空间。如把危险的东西拿走，或者把插座等电源盖起来。只要不危险，就让宝宝自由地行动吧！

如今许多父母都是“二十四孝”父母，他们喜欢对孩子事无巨细地帮助和包办，替宝宝洗手、穿衣，喂宝宝吃饭等。其实，这是在为宝宝的探索之路设置障碍。在宝宝萌生独立意识之初，这种善意的帮助，不仅会使宝宝不快，与父母产生对抗情绪，更让宝宝失去了自己动手、动脑体验的机会，而推迟了宝宝感知世界、开发智力、发展自我的时间进程，错过了幼儿宝贵的发育敏感期。

Chapter 03

琐事一箩筐

——2岁幼儿生活的那点事

2岁宝宝能够自己走了，而且此时他们对自己充满了自信，甚至以为可以不需要爸爸妈妈的帮助就可以做到自己想做的每件事，进餐、户外及家庭安全等知识，在这个时候，都可以告诉宝宝。当然，由于宝宝大脑发育并不完善，长时间记忆还没有完成，这些训练并不需要他必须完成，只需要先在大脑中“意识”到就可以了。

可爱的小鹿马桶

——可以开始排便训练喽

宝宝排便训练好时机，可别错过哦

2岁的宝宝不再像从前那样由父母亲手“侍奉”排便了，随着身体协调能力的增强，走路、坐下、起立等动作也比较自如，宝宝也有能力自己解决大小便的问题了。同刚刚过去的1岁时相比较，宝宝的神经系统发育逐渐健全，这使得他能初步控制自己的大肠、膀胱和肛门，并且对充盈的膀胱、直肠开始有了感觉。同时，宝宝已经有了挤压腹部肌肉的力气，可以帮助“便便”顺利排出了。在有“憋”的感觉时，宝宝的表情、动作、语言表达得更接近准确，并懂得配合父母的指令。这时，就可以训练宝宝自主排便了。

当然，宝宝从开始学习直至独立排便，仍需要一个较长的过程。一般情况下，绝大多数宝宝在1.5~3岁内完成排便训练的任务，而2~3岁是学习排便的关键期。

宝宝能否自我控制大小便，先决条件是生理成熟。有的小宝宝很早就能控制大小便，而有的宝宝却很晚。

怎么样才能知道宝宝是否到了生理成熟期呢？最简单的方法是对宝宝进行试探性的坐便盆训练，如果宝宝不接受你的训练，说明宝宝还没到该训练的时候。许多宝宝都喜欢模仿，所以，可以安排宝宝随从大人或哥哥姐姐一起去卫生间，让宝宝通过模仿学会排便，尽管父母没有刻意训练，但当宝宝大小便时，可能也会自己蹲下来，这并不是宝宝在控制尿便，而是一种自发行为。

2 岁的宝宝是接受大小便训练的最好时期，此时他们对大便的先兆和排泄也有了更鲜明的意识。宝宝可能玩着玩着就会突然停下来，然后显示出不太舒服的样子，也可能用某种表情或某种声音向父母表示自己要“便便”了。当发现宝宝发出这些“信号”时，父母要及时给予帮助，或带宝宝去卫生间，或把便盆放好。当然，这一切要在宝宝自愿的前提下进行，如此才能顺利地完成训练，而不至于在以后产生大小便失禁的现象。

有便便，快去找小鹿

为了让宝宝能愉快地接受排便训练，不妨给他准备一个带扶手、有可爱的卡通造型或有音乐的座椅式便盆，如小鹿造型的便盆。如今市面上这样的便盆有很多，样子都很新颖独特，深得小朋友的喜爱。在选购便盆时，可以带着宝宝一起去，让宝宝挑选他心仪的款式和颜色，这会使他对便盆产生好感和兴趣。

刚开始时，宝宝会觉得小鹿造型的便盆是一件新奇的玩具。可以先让宝宝熟悉和认识一下便盆，让他穿着衣服去坐坐。当宝宝对便盆有了兴趣后，就可以开始训练了。先给宝宝讲解一下便盆与大小便的关系，并亲自做出范例，让宝宝知道父母是怎样大小便的。当然，宝宝不一定立刻懂得，这需要父母耐心解释，反复示范。最好找来比他大点的宝宝做榜样，孩子之间更容易沟通和接近，利于宝宝早些接受大、小便与便盆之间的联系。等宝宝明白道理后，就可以找个他最有可能大小便的时候，把他领到便盆前，建议他坐上去试一试。若宝宝成功地将便便排进了便盆内，要给予他热情的表扬和适当的奖励，这将对宝宝起到鼓舞的作用。

如何让宝宝愉快主动地坐到便盆上是关键“技术”。最好在靠近家庭厕所的地方放一个便盆，这样就能使宝宝建立起某种关联，当宝宝玩耍时就会记得，这是宝宝便便用的，使他有了便便就去找小鹿解决。父母要经常强化地告诉他，使宝宝能记得住。每天晚上洗澡前，可以让宝宝坐在上面，先不要期待他使用便盆，只要让他适应坐在上面就可以了。

宝宝不愿意坐便盆时，父母不要强迫。让宝宝坐便盆的时间大约控制在 3~5 分钟即可，如果宝宝没有便意，强行延长坐便盆的时间是不可取的。培养宝宝快乐的如厕情绪很重要，父母可给予适当的表扬和鼓励，即使宝宝没排出来，也不要斥责他，不要让宝宝产生排斥和厌恶排便的抵触心理。

在训练宝宝练习坐便盆时，一定要帮他养成良好的排便规律。通常，刚刚醒来或喝水半小时左右，宝宝会有尿意。而饭后胃肠蠕动加快，是粪便排出的“催化剂”，在这些时间安排宝宝大小便，往往能有“收获”。长期如此，宝宝就会自动形成规律，只要感觉自己有了便意，便会向大人发出排便的信号或要求。

宝宝发出的信号有很多种，应逐渐强化宝宝“主动报告”的意识，做出示范，如手势：指便盆、厕所，揉自己的小肚子；或使用简单的语言，如“拉屎、臭臭、尿尿”等。最好把便盆放在随时能看得见的地方，宝宝表示有大小便，督促他“赶紧去找你的‘小鹿’朋友吧！”

需要提醒的是，不要为了哄坐便器上的宝宝不哭闹，就给正在坐便器上的宝宝吃东西、玩玩具或看图书，这样转移其注意力，易使宝宝造成排便不畅，久而久之形成恶性循环。从2岁半后，男孩就需要爸爸的示范，教他如何“瞄准”便盆小便，而女孩每次小便后，妈妈都要训练她用纸从前往后擦一擦，以防阴道和尿道受到感染。

宝宝如厕的表现通常是波段式摆动的，有时候进三步、退一步，这需要爸爸妈妈一定要有耐心，多鼓励和表扬宝宝，引导宝宝顺利完成排便训练，使宝宝健康快乐地成长!

抓抓饭——给孩子“独立”进餐的尝试

别破坏了宝宝独立进餐的“雅兴”

2 岁的小宝宝刚刚开始能坐在餐桌前“陪同”大人吃饭，他的“技术”还是菜鸟级的，基本上是利用双手来进餐，尽管如此，他还是把自己搞得很狼狈，把餐桌也折腾得一团糟。于是，有些父母嫌弃宝宝不讲究卫生，或担心宝宝吃不饱，便阻止宝宝独立进餐，亲自端着饭碗喂食。这种看上去很方便的帮助，对宝宝却是无益的，会让兴味盎然的宝宝感到扫兴，因为妈妈破坏了他独立进餐的兴致和好心情。

2 岁宝宝正是独立意识的萌芽时期，喜欢尝试自己做些事情，他喜欢那种自己动手的感觉。因此，父母应注意宝宝独立性的培养，有意识地锻炼他自我服务的能力。让宝宝独立进餐，是幼儿时期最基本的生活自理能力训练。

学习自己吃饭，不仅能培养孩子的独立生活能力，而且对早期的智力开发也大有好处。吃饭，需要运用手的技巧，还需大脑神经的控制，使手眼能协调运动。这对于 2 岁的宝宝来说，可不是件简单的事情，是一项蛮费心思的“工程”。从宝宝动作发育的顺序来看，1 岁多的宝宝正是小肌肉趋于灵巧的时候，到了 2 岁，他已经能运用自己的小手灵活地抓东西了。所以，2 岁的宝宝喜欢用手来抓东西吃。可是，许多父母都会竭力纠正这种“没规矩”的动作。

父母之所以这样做，除了担心宝宝未来没规矩，也担心用手抓饭不卫生。其实，这没什么好担忧的，只要将宝宝的小手洗干净就可以了。宝宝用手抓食物来吃，更有利于宝宝以后形成良好的进食习惯。宝宝学吃饭实质上也是一种兴趣的培养，这和看书、玩耍没有什么两样。从科学角度来说，在人类的食谱里根本就没有宝宝不喜欢吃的食物。宝宝对食物感兴趣的程度更多地取决于他与食物接触的频率，而不是食物的种类。只有反复接触，才能使宝宝对食物越来越熟悉，越来越有好感，以致将来不容易养成挑食的习惯。

宝宝用手抓吃食物，除了方便外，还能带来愉悦感，增强进食的自信心，促进食欲，并且能促进孩子手指的灵活性，促进肌肉发育。不妨让宝宝放开双手，尽情地“玩”食物。待宝宝逐渐长大，手指肌肉发育到一定程度后，可以很好地使用筷子、勺子时，自然就不再用手抓饭吃了。所以，没有必要担心宝宝养成用手抓饭吃的不文明习惯，更无须硬性制止宝宝抓饭吃。不恰当的制止，反而会带来很多负面作用，挑食便是其中的一种。

宝宝要“自食其力”了

不要为宝宝的小手和嘴巴频频亲密接触而感到不卫生，也不要嘲笑宝宝的笨拙，这是他独立进餐的初始阶段。2 岁宝宝的神经肌肉发展水平，决定了他已经具备独立进食的能力。让宝宝抓抓饭，利于宝宝早日学会“自食其力”。

吃饭前让宝宝将手洗干净，再给宝宝带上一个大围嘴，或者围上一件旧衣服，这样就可以有效地保护宝宝的小衣服不会被污染，还可以避免宝宝把饭菜弄到脖子里。准备两块湿毛巾，随时擦干净宝宝弄脏的小手小脸。

每次吃饭时，要给宝宝一个专属于他的位置，这会让宝宝感到自己能和爸爸妈妈平起平坐了，同时也增加了他独立进食的信心和兴趣。给宝宝的餐具选择要安全，不易摔坏，如果带上宝宝亲自去选购他喜欢的餐具，将会有更好的效果，他会十分愿意使用自己选择的餐具吃饭。

为宝宝准备一份色、香、味、形俱全的食物，当然是促使宝宝喜欢吃饭的第一法宝。对于小宝宝来说，香气和口感他是不容易觉察到的，而鲜艳的色彩和漂亮的形状则对宝宝充满了诱惑。因此，在为宝宝准备食物时，不妨将食物巧妙地“布置”一下，这会令宝宝爱上吃饭，胃口大增的。

在训练宝宝独立进餐之初，就要使宝宝养成一个良好的就餐习惯。一家人在一起吃饭时，要营造一个良好的进餐氛围，大家都认真吃饭，而不是边吃边聊，或边吃边看电视。父母要给宝宝作出表率，否则，他会边吃边玩，不认真学习吃饭。

给宝宝盛饭，一次不要给予太多，可采用多次“给予”的方式。这不仅能够让他将饭吃光，以免剩在碗里养成浪费粮食的习惯，并且少量的食物容易吃完，能增加宝宝吃饭的成就感。所以，这种多次“给予”的方式，再加上言语的鼓励，会让宝宝感到自己独立进餐是很自豪的事情，就会更加喜欢吃饭了。

爸爸妈妈还要教给宝宝一些餐桌上的礼仪，如有好吃的东西要按人分份，教育孩子先给年长的盛，再给宝宝盛。让宝宝懂得共同分享、礼让别人，防止使孩子养成一切自己优先，独占独享的不良习惯。

宝宝学习自己吃饭，不要怕宝宝掉饭粒，即使弄得到处都是也没关系。这不但能锻炼孩子的手眼协调能力，也锻炼他的大脑，慢慢地，孩子就能掌握自己吃饭的本领。宝宝学会了控制自己的手腕，双手会配合了，用餐卫生自然会有所改善。

让宝宝尝试独立进餐，是让宝宝体验成功、培养其独立性的开始。要想培养孩子的自理能力就必须放手让孩子独立去做。刚开始做不好不要紧，应在孩子一次又一次的实践中发掘他们的进步。当宝宝有进步时，一定要及时给予表扬，让宝宝在愉快、自信的环境中树立起独立做事的信心，养成独立进餐的好习惯。

洗手、洗脸——2 岁幼儿的清洁训练

讲卫生的宝宝自然人见人爱

2 岁的宝宝喜欢到处走动，爱伸手摸东西，不知道讲卫生，常常给人脏兮兮的印象。当他看到地上那些忙碌的蚂蚁爬来爬去时，干脆就趴在地上欣赏；见到泥土，就要伸手抓着玩；对于成堆的沙土，自然成了他们“下雨”的好材料。总之，他们是一群喜欢乱动的宝宝，即使环境再脏乱差，也会欢天喜地地玩闹，不以为意。

在宝宝玩得痛快的同时，妈妈不由得为宝宝的卫生状况担忧。于是，勤快的妈妈一次次把宝宝脏兮兮的小手、小脸清洗干净，以免不讲卫生的宝宝将细菌悄悄带入体内，而使宝宝的身体遭殃。

良好的卫生习惯是生活中不可或缺的，许多流行疾病的根源都来自接触到的不洁物体，且清洁不彻底引发的。尤其对于小宝宝来说，他们活动量大，又常将物品用手直接放进嘴巴，更容易感染传染病。所以，为了宝宝少生病，也为了宝宝能成为一个人见人爱的洁净宝宝，要从小训练宝宝主动洗手、洗脸，这不仅可以使宝宝养成良好的卫生习惯，更可以培养他对自我能力的肯定，从而建立起自信心。

其实，2 岁的宝宝喜欢事事“亲历亲为”，当宝宝看到从水龙头中流淌出来的清澈透明的水流时，宝宝本能地想要亲自尝试。只是妈妈怕宝宝把衣服弄湿，一般不同意他自己洗，而剥夺了宝宝独立做事的权利。

对于 2 岁的宝宝来说，手部的肌肉发育逐渐成熟，且变得比较有力，走路也比较平稳，宝宝已经能够胜任自己洗手洗脸的任务。此时，要着手对宝宝进行独自洗手洗脸的清洁训练了。

宝宝自己洗手、洗脸喽

想让宝宝学会独自洗手洗脸，首先要给宝宝多提供独立做事的机会。当宝宝表现出要自己洗手、洗脸的愿望时，一定要满足宝宝，帮助和鼓励宝宝完成他的清洁训练。切不可因为宝宝玩水、浪费时间、洗不干净或把环境搞脏，而制止宝宝独立做事，打消宝宝学习的积极性。

有时，让 2 岁宝宝学习洗脸和洗手，也不是一件简单的事情，自由散漫惯了的他，不愿意被人强迫做事情。要想让他们就范，最好的办法是采取游戏的方式，起码是找一个游戏的由头，把他“骗”进洗漱间才行。如果说：“宝宝，去洗洗你的脏手。”他多半不会配合，甚至跑得远远的。但是，“来，宝宝，咱们去玩水好不好?”他就会眼睛一亮，欢天喜地地随你去洗漱间。

为了让宝宝愿意洗脸和洗手，应该在他情绪好时先看别人如何洗脸，最好父母在洗脸时，邀请宝宝做“嘉宾”。当宝宝站在那里观摩时，顺便给他讲讲洗手洗脸的程序，宝宝能接受多少算多少，起码给他一个初步的印象。洗完后，把手伸给宝宝，说：“宝宝看看，妈妈洗得干不干净呀?”宝宝这时就会仔细地查看一番，点头说：“干净。”然后再把宝宝抱起来，让他看清你的脸，说：“宝宝，再看看妈妈的脸干不干净?”小宝宝自然会仔细地看，然后说出他的评语。这时要不失时机地亲亲宝宝，让他闻闻你的脸，问他香不香。当宝宝说香的时候，便乘机说：“宝宝要是洗脸，洗手，也会很香的”。如果宝宝点头，就立即把他放到地上，教他撩水练习，使宝宝渐渐进入佳境。

在带宝宝进行洗脸和洗手的练习时，首先要确保在宝宝心情愉快的情况下进行。宝宝刚开始不愿洗脸，不予以配合是很正常的，每次让孩子洗脸时，不要有畏难和烦躁的情绪，那样会直接影响宝宝的心情。长时间下来，宝宝会把洗脸看得和吃药打针一样，自然更加抗拒。

给宝宝准备一个漂亮的专用脸盆，还有一条舒适漂亮的毛巾，告诉他这是他的专有物品，宝宝就会很在意，愿意配合妈妈的指导。由于宝宝皮肤娇嫩，洗脸时要用碱性小的香皂。水温不要太烫，大致和体温相似或稍低就可以了。

在训练宝宝洗脸洗手时，应先让宝宝学习洗手，然后再叫他如何洗脸。

首先，指导宝宝站在小脸盆前，教他把袖子卷起来，说：“宝宝，袖子一定要卷起来，要不把袖子卷起来就把手伸进水盆里袖子也会湿的。”宝宝做不好没关系，要鼓励他，夸他很能干，使宝宝有信心，相信自己能做好。

卷好袖子后，让宝宝先用指尖试试水温，使他养成好习惯，否则等宝宝自己洗手时，猛然把双手伸进盆里，万一水温过高，容易烫着宝宝，也会使宝宝产生畏惧心理，不情愿主动洗脸洗手了。

等宝宝小手洗湿后，再教他如何打香皂，然后搓搓手心，搓搓手背，洗洗手指，最后双手互相搓洗。换过清水后，让宝宝在水中清洗掉香皂沫，擦干。看，宝宝的小手是不是很干净！宝宝自己也会觉得很满意，对洗手频率再多也不会反对，因为他有了成就感，自己能洗手了。

宝宝有了洗手经验后，再教他如何洗脸。在给宝宝洗脸时，先让他闭上眼睛，用湿毛巾从眼的内侧向外轻轻擦洗双眼、嘴巴、鼻子、面额部，然后清洗毛巾，再擦双耳及耳后和颈部，清洗毛巾拧干，将面部擦干。让宝宝照照小镜子，夸夸他有多漂亮。趁宝宝高兴之际，把洗手洗脸的程序耐心反复地告诉宝宝。然后，让宝宝亲自操作演练一下吧！

为了配合宝宝自己学习洗手洗脸，应把宝宝的盥洗用具放在固定的、孩子自己收取方便的地方。准备几首儿歌，也是教会宝宝洗手洗脸的好帮手，你可以和宝宝一起边唱边洗，边念边玩，让宝宝在愉悦的情绪中进行他的清洁训练。

当然，对于2岁的宝宝来说，也可以采用游戏的方式来引导他学会洗手、洗脸。如对宝宝说“玩具娃娃的小手小脸好脏啊，让我们给她洗干净吧”，然后教宝宝一起给玩具娃娃洗手洗脸。当宝宝学会了洗手洗脸时，可以利用宝宝喜欢竞争、喜欢游戏的特点，在家里经常组织洗手洗脸比赛，这既可以为宝宝洗手洗脸做示范，又可以提高他的学习兴趣。

宝宝学会了洗手、洗脸后，要让宝宝养成每天早晚洗手洗脸，以及吃东西前洗手的习惯。会自己坐便盆及上厕所大小便的宝宝，还要养成便后主动洗手，弄脏手、脸后随时清洗的习惯。

在宝宝训练的过程中，可能会弄湿地面或衣服，要包容宝宝，了解孩子会有学习的过程。由于宝宝的动作还不熟练，可能会比较慢，不要逼促宝宝，耐心地给宝宝时间。这样，用不了多久，宝宝自己就能独立地洗手洗脸了。

2 岁幼儿要开始学习刷牙了

2 岁宝宝已能"胜任"刷牙"工作"

牙齿的好坏，直接关系到人一生的健康。2 岁的宝宝正处在长牙阶段，按理说是不应该有什么牙病出现的。事实并非如此，许多宝宝却出现牙疼现象，有的宝宝甚至出现乳牙松动脱落。

造成宝宝乳牙不保的主要原因是睡前进食含糖食品、不刷牙等。含糖食品容易使宝宝患上龋齿，不刷牙自然清除不掉粘在牙齿上的细菌。预防龋齿，应从宝宝 2 岁时开始刷牙，这是许多父母不知道的常识。

刷牙可是预防牙病最行之有效、方便易行的好方法。刷牙和进餐一样，是一项协调性很高的活动，宝宝太小时很难"胜任"这一工作。而在此之前，宝宝长出的乳牙还比较少，也不宜用牙刷刷牙，只需要进行口腔清洁护理就可以了。

宝宝 2 岁时，已经长出了 16～20 颗洁白的小乳牙，大多数宝宝

2 岁半左右，20 颗乳牙就长齐了。乳牙健康，是保证恒牙长得好的关键。幼儿的口腔跟成人一样，是消化道和呼吸道的入口，此时宝宝的饮食已经和成人接近，同样会存在许多细菌，刷牙对于幼儿的牙齿及身体的健康也非常重要。这个时候，宝宝手部力量和手指小肌肉的活动能力都有了进一步的发展，能够自如拿握物品，所以，宝宝长到 2 岁后，就应该教他学刷牙，这样，经过一年的训练，等他到 3 岁时，宝宝就可以独自刷牙了。

刷牙本身对于宝宝来说，谈不上喜欢或不喜欢，也跟讲不讲卫生无关，只是刷牙时带来的感觉确实让宝宝感到不那么舒服。比如有甜甜的水果味的牙膏，想吃却不能吃，而牙刷放进嘴里的那种感觉，实在是难受的。加上自己的刷牙动作笨拙，感觉上一点也不好玩。所以，对于很多宝宝来说，他们在刚看到爸爸妈妈刷牙时，会很高兴的模仿，可真让他们学刷牙，却又对它不“不感冒了”。

宝宝自己动手“洗刷刷”

是教宝宝刷牙的时候了，为了宝宝未来有一副好牙齿，赶快行动吧！

2 岁的宝宝既天真烂漫，有时又显得十分执拗。在刷牙这个环节上，一般的宝宝都不愿意予以配合。不过，宝宝对什么都是好奇的，对刷牙也不例外。为了让宝宝愉快地接受，在购买牙具的环节上，就应该让宝宝参与进来，当他看到漂亮的牙刷和闻到甜甜的牙膏的香味时，心中的排斥态度就会改变，因为这些是属于宝宝的，加上妈妈的千般怂恿，做思想工作，再执拗的宝宝也会愿意试试再说。结果，宝宝就会有第一次的尝试，至于能否让宝宝愉快地坚持下去，那就要看妈妈的本事了。

给宝宝科学地选择一套漂亮的牙具，不仅可以培养他的刷牙兴趣，而且对宝宝的健康也有益处。一般情况下，牙具包括牙刷、牙膏和牙杯，其中关键是牙刷和牙膏的选择。幼儿的口腔黏膜娇嫩，因此要选用刷头较小、刷毛较软，并且刷毛尖端经过磨制处理的牙刷。牙刷的尺寸可以根据孩子的年龄及口腔的大小来选择。1 支牙刷的使用时间最长不应超过 3 个月，到时应及时更换。另外，幼儿患了感冒或口腔疾病时，要对牙刷及时进行消毒和更换，以免造成病菌感染和扩散。

牙膏也要选择儿童专用的，特别是泡沫较少的牙膏更是首选。2～3 岁的宝宝还不太会吐出牙膏泡沫，如果泡沫过多，有可能将部分泡沫吞入腹中，对宝宝健康不利。也最好不要选择含氟牙膏，虽说氟对牙齿的防蛀是有效的，但氟有累积性作用，过量的氟积累可能导致宝宝牙齿发黑，形成氟斑牙。

在去商场购买之前，先渲染一下氛围，让宝宝看着妈妈刷牙，妈妈刷牙时一定要显示出愉悦的神情，告诉宝宝他也要像妈妈一样刷牙玩了。然后带他去商场儿童专柜前，给宝宝挑选的权利，一般情况下，宝宝对自己满意的物品是比较珍惜的。买到后交给宝宝，使他知道这是属于宝宝专用的。

开始学刷牙时，让宝宝站在小凳子上，面对镜子，妈妈站在他身后或侧面，把住宝宝的手，教他将牙刷的刷毛放在靠近牙龈的地方，刷毛与牙面大约呈 45 度倾斜，上牙从上往下刷，下牙从下往上刷，刷完外侧面再刷内侧面和咬合面。千万不要像拉锯那样横着刷，这样容易损伤牙龈。刷完牙，教宝宝用清水漱口，将泡沫吐干净。

不过要记住，宝宝还小，不可能一下子掌握刷牙的要领，需要反复、耐心地教他。慢慢地，等宝宝养成习惯就好了。

宝宝刷牙后，还要教宝宝把牙刷彻底洗干净，将牙刷头朝上放到杯子里，存放到通风干燥的地方，以防牙刷在潮湿的环境中滋生细菌。如果发现牙刷毛弯曲，应及时为宝宝更换。

在教宝宝学刷牙时，由于宝宝的自觉性、坚持性比较差，一两次的早晚刷牙并不能形成习惯，所以特别需要父母的言传身教及督促提醒，才能使宝宝刷牙的良好习惯不断强化，并逐渐演变成自觉的行动。

需要提醒的一点是，宝宝学会使用牙刷之前，首先应学会漱口。准备两半杯温水，妈妈喝一口水吐在面盆里，让宝宝模仿。这样我一口，你一口引导宝宝，待宝宝熟悉后，妈妈再教宝宝把水含在口中，闭住嘴，鼓动两腮，咕噜咕噜地漱洗，使口中的水与牙齿、牙龈及口腔黏膜表面充分接触，利用水的力道反复来回冲洗口腔内的各个部位，然后吐出口中的水，每次重复动作3~4次。漱口后，用毛巾或手帕拭去嘴边的水滴。妈妈可以先做给宝宝看，让他边学边漱，逐步掌握。

关注宝宝的牙齿健康、预防蛀牙的发生非常关键。不要怕宝宝初期的不配合，只要父母用心、有足够的耐心，循序渐进地用科学健康的方法来引导宝宝，就能为他建立起固牙护齿的意识并养成良好的饮食及清洁牙齿的习惯。

2 岁幼儿的穿脱衣服训练

让宝宝愉快接受穿脱衣服训练

宝宝早上起来，第一件事情就是拿起自己的衣服往头上套，胡乱忙活半天，还是穿不上去，最后妈妈不得不与他争抢着把衣服勉强穿上。这就是喜欢亲历亲为的 2 岁宝宝，尽管他还不能够自己独立穿脱衣服，但是他要坚持自己来。

在我们成人眼里，穿脱衣服是件平常不过的小事，可对于 2 岁的宝宝来说，却不是那么简单的。随着幼儿精细动作与能力发展的成熟，手部力量和身体协调性的发展，从宝宝 2 岁开始，就应该鼓励他自己穿脱衣服了。

在让宝宝自己穿脱衣服时，是培养他生活自理能力的一个重要内容。通过穿脱衣服的锻炼，可以发展宝宝的身体协调能力，帮助他了解身体结构，还可以培养他自我管理的责任感，以及物品对称和逻辑顺序的观念。当宝宝能自己穿脱衣服时，表示他逐渐可以脱离父母的帮助而迈向独立。

2 岁的宝宝，正是对什么事情都感到好奇，对什么事情都喜欢亲自动手尝试的时候，利用宝宝这种凡事喜欢参与的心理特征，赶紧动手教小宝宝学穿脱衣服吧!

一般来说，宝宝对穿脱衣服训练都很热心，他们急于尝试将衣服穿上或脱下的成就感。当宝宝有自己穿衣或脱衣的举动时，妈妈一定要满足宝宝，教给他正确的方法和技巧，帮助和引导宝宝学会穿脱衣服。

训练宝宝穿脱衣服，要先让宝宝觉得穿衣脱衣是件很愉快的事，这样才能争取到孩子的配合。刚开始时，宝宝可能穿不好，裤子穿反了或两条腿伸在一条裤腿里是常有的事，有的宝宝着急，甚至哭着不学了。在这样的情况下，妈妈一定要鼓励宝宝，同时要不厌其烦地教宝宝正确的穿衣方法。千万不能斥责宝宝，或干脆用你的帮助取而代之。这样，就让孩子失去了学穿衣服的兴趣和权利。宝宝还小，做得不好或不正确都不要紧，重要的是培养他自己穿脱衣服的兴趣，让宝宝学会穿脱衣服的技巧。

当宝宝不愿自己穿脱衣服的时候，父母也不要强行压制，逼其“就范”，而应该正确地给予引导。可以给宝宝讲些生动有趣的故事，告诉他能够独立生活的孩子是最棒的，或是和爸爸妈妈举行穿脱衣服比赛等，激发孩子的求胜欲望，让他乐意自己穿脱衣服。

宝宝穿脱衣训练，最好从夏天开始，因为夏天穿的衣服简单，而且慢慢穿也不易着凉。当宝宝在夏天学会了穿短裤、背心，随着天气变化，逐渐增加衣服，也就成了渐渐学习的过程。

差一点就脱下来了，宝宝加油

对宝宝进行穿脱衣训练，应先从比较容易的脱衣服学起。一般宝宝都是先学会脱衣裤，再学穿衣服。

当宝宝黏着大人，请求帮助把他的衣服脱下时，不要立即满足他的要求，试着鼓励他："让我们一起来试着自己脱脱看。"还有的宝宝拒绝帮助，自己想脱衣服，却脱不下来，要在一旁要为宝宝打气："做得真不错！还差一点点噢！"当宝宝遇到困难，可以稍微帮他一点忙，但一定不要包办代替，让宝宝产生"我能自己脱下来"的自信。

在对宝宝进行穿脱衣训练时，可为宝宝提供一些较宽松的外衣，这样在脱衣服时，先让宝宝自己解开扣子，就能很轻松地将外衣脱下来了。相比较开衫，脱套头衫的难度较高。事前，应帮宝宝解开可能勾住他脖子或手腕的纽扣，教导他将手臂先从袖子里抽出来，再用双手从衣服里面撑开领子，将衣服脱下。脱裤子时，让宝宝双手拉住裤腰两侧，向前一弯腰，把裤子拉到臀部下面，然后坐下来，将两腿从裤筒里脱出来就行了。

学会穿衣服的宝宝，真了不起

教宝宝学穿衣服，第一步就是要让宝宝认识衣服的正反和前后。为了鼓励宝宝自己穿脱衣服的兴趣，防止把衣服穿反，在给宝宝买衣服的时候，可以买些有前后标记的衣服，如上衣胸前有他喜欢的小动物，裤子前面有口袋或膝盖上面有图案，使孩子容易识别前后。还要教孩子认识领子处的商标，告诉宝宝有商标的是反面，应该穿在里面，商标应该在脖子后面。

学会系扣子，也是宝宝穿衣训练的关键步骤。把上衣平铺在床上，将扣子和对应的扣眼指给宝宝看，告诉他如何将扣子穿到相应的扣眼中，把扣子的一半塞进扣孔，让宝宝从扣孔里拉出来，也可以和他玩帮玩具娃娃扣纽扣的游戏，让宝宝多次进行练习。

最初可选择开襟式衣服给宝宝练习，衣服的前襟朝外，双手提住衣领的两端，然后从头上向后一披，把衣服披在背上，再将双手分别伸入衣袖。在教孩子穿袖子的时候，让宝宝把手握成拳头，这样容易穿过袖子，不至于被袖子牵绊。系纽扣时，先把两侧门襟对齐，从最下面的纽扣系起，以免错位。

穿套头的衣服时，要教宝宝分清衣服的前后：领口高的部分是后面，领口低、有口袋的是前面，有缝衣线的是里面，表面光滑的是外面。穿的时候，先把头钻进上面的“大洞”里，然后再把胳膊分别伸到两边的“小洞”，然后将衣服拉整齐就可以了。

学穿裤子，也要先分清前后里外。裤腰上有标签的是后面，有漂亮图案的是前面。教宝宝把裤子前面朝上放在床上，把一条腿伸到一条裤管里，把小脚露出来，再把另一条腿伸到另一条裤管里，把脚露出来，然后站起来，将裤子往上一提，就穿好了。

对宝宝进行穿脱衣训练，衣服构造不要太复杂，以免不利于宝宝穿脱，而使他感觉很沮丧。此外，还要让宝宝养成穿脱衣服有顺序的习惯。睡觉前，妈妈提醒宝宝把衣服由外而内一件件地脱，最先脱下来的外衣放下面，后脱下的内衣放上面。睡醒后再按由内向外的顺序依次穿上。在教导宝宝学会自己脱衣服的同时，也应该培养他折叠、整理衣服的习惯，不要让他将脱下的衣服随意丢弃。

宝宝之间存在个体差异，对于自理能力的各方面，不能简单地要求所有的宝宝步调一致。所以，不要为宝宝的笨拙而苦恼，也不必拿宝宝的这些事情来互相比较。当宝宝在某方面“落后”时，妈妈不必灰心丧气，因为这种“落后”可能只是暂时的。对于2岁的宝宝而言，主要是让他熟悉过程，不要强求宝宝很快能进入角色。

2 岁幼儿的穿脱鞋袜训练

学会穿脱鞋袜，是宝宝踏出家庭保护网的第一步

2 岁的宝宝热衷于穿鞋脱袜，因为他知道，穿上鞋就意味着要出去玩耍，而脱了袜子，小脚丫能获得解放，可以打赤脚在地上轻松地跑来跑去了，那是多么开心的事情啊。当 2 岁宝宝一听说要出门，总是迫不及待地拿起自己的小鞋就往脚上套，只是妈妈总认为宝宝还小，怕宝宝穿不好或耽误时间，费事，便抢过宝宝的小鞋取而代之。这种做法可要不得，这样只会剥夺了宝宝学习自理的机会，把宝宝变成一个小懒虫，可不是培养宝宝的初衷。

宝宝 2 岁多时，大都已经能够控制自己身体的平衡，手和脚的动作也很灵活，完全可以训练他们自己穿脱鞋袜了。让宝宝学习穿脱鞋袜也是培养宝宝自理能力的一部分，是宝宝从依赖到独立渐变的过程。并且，还有助于提升宝宝手、眼和整个身体协调能力的发展。对于宝宝来说，学会穿鞋袜，是踏出家庭保护网的第一步，绝不能马虎，更不能代替。

在穿脱鞋的训练中，最令宝宝感到难以弄清楚的是左右鞋子的区分。他们经常将左边的鞋子穿到右脚上，而把右边的鞋子穿到左脚上，当他穿着蹩脚的鞋子到处疯跑时，浑然不知自己脚上的鞋子穿反了，依旧玩得开心。

宝宝刚开始学习时，左右不分是常有的事。遇到这种情况，不妨问宝宝："两只脚丫舒服吗？如果不，把两只鞋调换过来试一试。"让宝宝体会一下两只脚的感受，看是不是感到自己的小脚丫很委屈，有些挤压感。聪明的宝宝会很快找到问题的症结，将两只鞋重新调换过来。经历几次之后，即使宝宝再穿反了鞋子，也会马上意识到可能是哪儿出了问题，并知道该如何解决。

在给宝宝买鞋时，也不妨选择那些有明显标识，可以帮助宝宝分辨左右的鞋子，比如可以告诉他，"这朵红色的小花很漂亮，要露在外侧"，这样宝宝就可以很好地分清，而不会穿错了。

很多父母不让自己的宝宝动手穿鞋袜，认为这是件很困难的事。其实，教宝宝穿鞋袜并不复杂，只要多给宝宝做示范动作，让他模仿就可以了。2 岁的宝宝，正是好奇心和好胜心特别强的年纪，当他开始留意你的动作和行为时，其实他已经开始准备模仿了。只是宝宝的接受能力还很有限，父母要有十足的耐心和细心。

宝宝穿脱鞋袜训练进行时

给 2 岁宝宝选鞋时，最好选择粘贴式或者扣扣子的鞋子，这样既方便了宝宝的穿脱，又不会因鞋带脱落，而使宝宝踩上跌跤。

教宝宝穿鞋，应先教会宝宝如何区分左右脚。让宝宝把两只鞋子并排放在自己的前方，然后告诉他，如果两只鞋子合拢后，中间会出现一个弧状的小洞，那就表示方向正确。如果没有这个小洞，则表示鞋子放反了。

进行穿鞋训练时，先让宝宝把双脚脚尖的部分伸进鞋子里，趾尖使劲儿地朝前顶，待脚全部伸进去后，再用力提上后脚跟，最后将鞋面上的搭袢粘好就可以了。

刚开始，父母可以帮助宝宝把鞋大致穿上，只让他把脚后跟穿进去。如果宝宝能完成得很好，下次大人可以帮他穿一半，余下的部分让宝宝自己穿。逐渐增加孩子自己穿的部分，最后全部让宝宝自己穿。

有些宝宝在穿鞋时，不会先把鞋上面的“耳朵”拉好再穿，所以鞋耳朵就很容易卷进去，这给宝宝穿鞋带来了困难。为了方便宝宝自己穿鞋，妈妈可以用针线将靠脚外侧部分的鞋耳朵和鞋盖稍微缝几针，这样，孩子即使穿鞋前没有拉好鞋耳朵，也不会卷进去了。

宝宝学会穿鞋不是一蹴而就的，可能需要一段时间的训练。要多给宝宝机会，容许他穿得不太好、穿反了或者穿歪了。看到宝宝一点点进步就表扬他，让他有成就感，有了兴趣的宝宝，自然就慢慢学会了。

教宝宝脱鞋要容易些，让宝宝坐在那里，用手将左右鞋子上的粘扣打开。先将一只脚抬起来，双手放在鞋跟用力地向下脱，把脚丫从鞋子里抽出来，将鞋子放到一旁。然后如法炮制，把另一只脚上的鞋子脱下来，再把脱下的鞋子摆放整齐即可。脱鞋步骤比较简单，但也需要父母监督，要让宝宝养成良好的习惯，不能将脱下的鞋子随意乱扔，要放到指定地方并摆放整齐。

教宝宝学穿脱袜子时，应先学会脱后再学穿，因为脱往往比穿要简单，这会让宝宝有信心。脱袜子时，让宝宝双手抓住袜筒处，用力向下一脱，袜子就脱掉了。这样训练几次，宝宝很快就掌握了脱袜子的要领。学穿袜子时，妈妈可先将袜子卷至一半，仅剩下袜子前缘脚指头的部分，然后让宝宝自己将袜子套在脚上，再由宝宝将袜子拉上。宝宝一般都会用力扯上去，小小地炫耀一下。宝宝进行穿脱袜子训练时，最好选择无跟袜，这比较方便宝宝练习用，以免宝宝将袜子后跟套到脚面上或出现穿偏的现象。而且无跟袜容易穿脱，可以使宝宝有成就感，从而能愉快接受训练。

在教宝宝穿脱鞋袜时，要耐心地给予宝宝指导。不能高兴了就让宝宝自己穿脱，不高兴了就不耐烦地去包办，或者放任不管。这样，宝宝很难掌握其中的技巧，也很难养成良好的习惯。

保证睡眠——2 岁幼儿的睡眠训练

宝宝的睡眠可是大问题

夜晚降临了，妈妈又到了“头疼”的时刻，宝宝躺在床上怎么也不肯闭上眼睛，小手拉着妈妈的衣角就是不放松，哪怕妈妈离开半步，他都哇哇大哭着找妈妈。宝宝都 2 岁了，同他讲道理他也会明白地点头，可是闹起觉来却“蛮不讲理”，任凭怎么好言好语相劝都不管用，每次都是搂着妈妈的脖子，哭累了才睡去。看着宝宝闭上眼睛，安静地躺在那里，妈妈怎么也想不明白，2 岁的宝宝为什么对睡觉如此“仇恨”?

宝宝 2 岁了，由于接触外界的机会增多，活动量增加，睡前比过去兴奋，常常不能安静。到了睡觉时间，如果他仍玩心未尽，可是行为却受到阻碍时，就很容易发火哭闹，不肯睡觉。2 岁，也正是宝宝建立安全感的关键期，在宝宝眼里，父母是最值得信赖的人，他们一旦与父母分离，就会感到担忧、烦躁、缺乏安全感，以致没有了父母的陪伴，他们久久不愿入睡。随着宝宝认知范围的扩大，情绪的复杂，宝宝对许多现象和事物产生了恐惧心理，如打雷、闪电、黑暗、咆哮的狗，甚至是想象中的人和事物，都会让宝宝害怕而感到恐惧焦虑，从而导致出现入睡困难。

宝宝入睡困难常困扰着父母，殊不知，宝宝出现这种毛病也有父母本身的因素。还在宝宝很小的时候，总是爱抱着宝宝边拍、边摇、边走地催其入睡。这种看似疼爱宝宝的方式，恰恰害了宝宝，使宝宝养成在妈妈怀里睡得很熟，离开妈妈的怀抱就睁开眼睛哭闹的坏习惯。

宝宝的睡眠可是个不容忽视的大问题。睡眠不但可以恢复精神与体力，也有助于脑细胞的发育，促进幼儿的智力发育。睡眠对宝宝的生长更是举足轻重的，生长激素是促进幼儿生长的最重要激素，而这种激素主要在宝宝熟睡的状态下才能产生。而且，充足的睡眠可以保证宝宝活动时精力充沛，因此，对宝宝的睡眠要给予足够的重视。2 岁宝宝正是独立意识萌芽的时候，要帮助和引导宝宝逐渐养成轻松自行入睡以及独睡得好习惯。

睡吧，睡吧，亲爱的小宝贝

2 岁宝宝的情绪要比以前复杂多了，睡眠的时间也比从前少了许多，大约每天睡 11～12 个小时就可以了。兴奋、忧虑、噩梦等，都可能影响到宝宝的睡眠。

当宝宝出现入睡困难时，可能是孩子怕黑、怕噩梦、让人陪伴等，这时，要引导孩子说出原因，并消除他的恐惧，告诉宝宝睡觉的时间到了，必须睡觉。让宝宝养成自觉入睡的好习惯。

睡眠质量的好坏，对宝宝的发育成长有着直接的影响。既有内在的因素，也有外在的因素。所以，为了宝宝能天天有一个好觉，应为他营造一个良好的睡眠环境，还要帮宝宝养成规律的作息时间，这有助于宝宝养成自行入睡的好习惯。

在宝宝睡觉的时候，家里不要太嘈杂，晚上要把灯熄灭或者只留昏黄的亮光，白天可拉上窗帘，使室内光线稍暗些。如果宝宝习惯听故事，可以选择一些睡前故事或者轻柔的音乐播放给宝宝听，声音不宜过大。另外，宝宝入睡前，应让他安静下来，不要看刺激性的电视节目，不讲紧张可怕的故事，也不要玩新玩具，以免使他太过兴奋，而影响了睡眠。

每天晚上入睡前，应让宝宝洗脸、洗脚、洗屁股、排空小便等，这些入睡前的前奏会提醒宝宝该睡觉了。将这些程序固定下来，久而久之，宝宝会形成条件反射，使他逐步形成按时主动上床的习惯。

对不能自行入睡的宝宝要给予语言上的爱抚，但决不迁就，要让宝宝依靠自己的力量调节自己入睡前的状态。不要用粗暴强制、吓唬的办法让宝宝入睡，以免影响宝宝的睡眠质量。还要培养宝宝睡觉不蒙头、不含奶头、不咬被角、不吮手指、醒来后不哭闹，以及睡前将脱下的衣服整齐摆放的良好睡眠习惯。

让宝宝爱上独睡

这个年龄的宝宝，应让他学习独睡。独睡对于宝宝形成独立意识和自理能力是非常必要的。由于以往一直同父母睡，突然分开，宝宝在心理上势必会出现一些动荡。特别是那些爱“闹觉”的宝宝，更是不能指望他立刻转变。培养宝宝独睡习惯，需要一个适应过程，应配合宝宝的反应慢慢过渡，这样才能让宝宝心甘情愿地独睡。

刚刚要求宝宝独睡时，习惯同父母一个床上睡觉的宝宝很不习惯离去，小小的心眼里通常会有这样的想法：爸爸妈妈不再爱我了，不要我了。这可不是小问题哦！父母一定要跟宝宝解释清楚为什么让他独睡，也可以通过讲故事、儿歌来向宝宝宣传独自睡觉对身心发育的种种好处，通过良好的心理暗示，激发宝宝潜在的独立意识，帮助他建立自信，敢于挑战自我，做一个勇敢的宝宝，使他从心理上产生自己睡的愿望。要宝宝相信，与父母分开独睡，并不是不爱他，一家人白天又可以在一起了。只有打消宝宝的心中疑团，宝宝才能接受自己的单独小床和单独的房间。

安排宝宝独睡，要采取循序渐进的方法进行，最开始的时候，可以先把小床放在大床的一侧，让宝宝先睡在大床，哄宝宝入睡，等宝宝睡着后再把宝宝单独放到小床上。清晨宝宝醒来的时候，父母一定要及时出现在宝宝面前安慰他，并以愉快的情绪感染、鼓励宝宝："宝宝真了不起，能睡自己的小床，宝宝长大了！"这样既保护了宝宝的安全依恋，不会产生情感上的失落，还增强了宝宝自己睡的勇气和信心。

经过一段时间的小床锻炼，使宝宝觉得自己独自睡在小床上也没有失去父母的爱，就应该训练宝宝在小床上独自入睡了。

每晚上床前，父母要对宝宝轻松地建议：宝宝，请上到你的小床上来，咱们一起讲故事，当宝宝快要入睡时，要在小床边给宝宝充分的爱抚，使他感到安全和温暖，告诉宝宝，爸爸妈妈就在你旁边的大床上，咱们一同入睡，看谁先睡着。宝宝都有争第一的心理，他便会闭上眼睛，很快就能进入睡眠。

为了让宝宝尽快入眠，白天要加大宝宝的活动量，晚上避免激烈兴奋的刺激，从而使宝宝很快就能产生睡意，浓浓的困意可以使宝宝尽快入睡，忘记提过什么要求。在环境创设上，不妨让宝宝听听舒缓的音乐，这可以起到平静心理催眠的作用。切忌睡前让宝宝接触恐怖的信息和刺激，以免造成宝宝心灵上的恐吓，从而不利于入睡。在宝宝可以顺利地独立入睡后，爸爸妈妈就可以尝试与孩子分房而睡了。

让宝宝独自睡在一个房间里，难度还是不小的，相对分床来讲，分房就需要多做些铺垫。分床必定还是同爸爸妈妈在一起，而分房对宝宝来说，从空间和亲情上都产生了距离感。为了让宝宝喜欢他的小房间，一定要把这个小房间好好装饰一番，使它成为温馨别致、充满童趣的“童话小屋”，让宝宝流连忘返，爱上自己的小宫殿。墙上贴一些宝宝和爸爸妈妈的照片，或者他喜欢的卡通图片，使宝宝觉得自己的小天地比爸爸妈妈的大房间更好玩。尽量把小床进行一番造型设计，可以设计成汽车、小船等形象，周围挂上卡通小动物、带有悦耳声音的小玩具、漂亮的贴画等做装饰，再把宝宝平时喜欢的玩具摆在床边，告诉他小动物是他的好朋友，会陪他一起睡觉。这样，宝宝的恐惧感就会渐渐消失，转而喜欢这个新环境。爸爸妈妈要在宝宝睡前多陪他一会儿，让宝宝感到虽然和爸爸妈妈分开了房间，但是他们的心没有分开，爸爸妈妈始终是关心他、呵护他的，并没有不喜欢他、抛弃他。

第二天起床时，一定要记得及时说些鼓励宝宝的话，“宝宝太棒了！妈妈喜欢能自己睡觉的宝宝”，以强化宝宝的独立心理和行为，减少宝宝由于最初分房带来的孤寂情绪。只要在以上几个环节多加注意，宝宝完全可以顺利度过“独睡”初阶段，并且爱上独睡。

2 岁幼儿安全训练不可少

为宝宝营造一个安全的居家环境

2 岁的宝宝就像一个上满了发条的小闹钟，一刻也停不下来，他们永远不知道什么是疲倦，总是不停地运动——跑、踢、爬、跳。宝宝的小手也是一个“探奇器”，什么都想摸摸，什么都想动动。好奇心强的 2 岁宝宝，天不怕地不怕，不知道什么是危险，也没有他不敢去的地方，玩耍起来总是无所顾忌，当然危险性也陡然大增。他可能会跑到厨房里动动热水瓶，或是爬上阳台扒窗户向外看等。

家有 2 岁宝宝，做父母的可不轻松，不但要和他们斗智斗勇地周旋，还要时刻替他们的安全操心。

家是安全又温馨的港湾，这主要是针对成人来说的。可是，对于 2 岁宝宝，就有可能危险重重。正在爬高下低，四处探奇的年龄，有棱角的桌子、柜子、敞开的窗户、垂吊的窗帘、锋利的剪刀，厨房里的一些设施，都有可能给不知保护自己的宝宝带来意外的伤害。

为了防止宝宝发生意外，让他在安全的环境中进行他的探索之旅，对 2 岁宝宝进行安全训练必不可少。在生活中要告诉宝宝哪些是危险的、不能动的，并且告诉宝宝如果乱摸乱动，会带来什么样的后果。如用手指或金属触摸电源插座的“小黑洞”，会中电，导致手指烧伤，甚至出现生命危险；热水瓶也不能乱动，滚烫的热水会烫伤宝宝；妈妈做饭的煤气灶，以及打火机等，都会引发火灾；锋利的剪子和小刀，会割伤宝宝的小手指；等等。随时把一些可能出现的危险讲给宝宝听，让宝宝从小具有安全意识。

除了对宝宝进行安全教育，在生活中也要尽可能地减少孩子在生活环境中的不安全因素，将家中的安全隐患都梳理一遍，为宝宝营造一个舒适、安全的生活环境。对于宝宝来说，家中就是一个丰富的游戏场所，任何一件物品都有可能成为他的玩具。所以，为了安全起见，刀子、剪刀、毛衣针等尖锐锋利的物品，以及农药、洗涤剂等危险品必须收妥，放到宝宝够不到、发现不了的地方。不要在靠近窗户的地方摆放方便孩子攀爬的家具，例如椅子、桌子。最好在窗户上安装儿童防护栏，以免孩子攀爬窗户跌出窗外。电源插座最好放在孩子触碰不到的地方或家具后面。暂时不用的插座应该贴上胶布。要把诸如纽扣、玻璃球、豆子、棋子、药片等体积较小的东西放在孩子够得着的地方，以防宝宝吞入口中，造成伤害。一般居室的活动范围有限，客厅摆放了各种家具，宝宝喜欢蹦蹦跳跳，最容易出现撞伤、跌伤等意外，因此妈妈要谨记在餐桌及茶几的边角套上柔软的套子。也应把窗帘绳夹高，否则宝宝玩耍时很有可能导致勒伤的悲剧。

从孩子的眼光出发，选择和布置家居用品，打造安全家居环境，使家庭真正成为孩子的安全港湾。

户外安全训练，给小野马套上缰绳

2岁宝宝一出门，就像一匹脱缰的小野马，他这里跑跑，那里跳跳，由着自己的性子，想怎么玩耍就怎么玩耍。为了宝宝的成长，父母在带宝宝到户外活动时，要把宝宝的安全放在第一位。给予宝宝充分自由玩耍的同时，还要顾及宝宝避开危险，保证不出意外。

带宝宝外出时，父母要拉着宝宝的手走路。因为2岁的宝宝天性好动，如果不注意，他就会溜到他感兴趣的地方去玩耍。横过马路时，更要拉住宝宝的手，让宝宝走在里面，而父母应该走在靠近车子通过的一侧，也可直接抱着宝宝通过。在路口等待绿灯时，借机告诉宝宝不能到马路中间去玩耍，过往的汽车就像大老虎一样，会撞人的。

路边的石头、野生植物多有锐利的棱边，一定要告诉宝宝小手不要去抓植物的叶子或枝条，上面的刺是会扎破宝宝的小手的。为了让宝宝直观地看到植物"凶险"的一面，可以带他近距离观察一番，让他亲眼看到小刺的存在，他就不会去乱扯乱动了。

不安生的小脚丫最好不要乱踢，地上的石块，不平的马路，都容易让宝宝的小脚丫受到伤害。对于那些没有盖的下水道入口，一定要让宝宝避开，一旦掉入其中就会带来十分严重的后果，轻则身上留下伤迹，重则可能导致重伤、在井内窒息死亡。也不要让孩子在井盖上蹦蹦跳跳，如果遇到不法厂商生产的"豆腐渣"井盖时，极有可能踩裂而对宝宝造成伤害。

宝宝好动，又不知道危险，要教育他们不要从高处跳下，或做出爬高、攀爬等危险动作。为了达到锻炼宝宝的目的，在父母的陪护下，可以适当做些跳下、爬高、攀爬等肢体活动。但一定要叮嘱宝宝，在没有父母的陪同下，自己不可以去做。

戏水是宝宝最爱的游戏项目，在宝宝戏水前，父母要亲自站到水里感觉一下深浅、冷热、有无石块、碎玻璃等。最好陪同宝宝一起戏水，最起码也要时刻站在他身边，做好看护工作。

宝宝对缝隙、孔洞也喜欢探究，当带宝宝来到这些地方时，最好不要让宝宝钻进去，以免把头或身子夹住。有些小的缝隙、孔洞是毒虫喜欢出没的地方，如果宝宝的小手或小脚丫探进去，有可能受到叮咬。

还要告诉宝宝，不要在汽车前后及车下面玩耍，因为对于身材矮小的宝宝来说，容易被驾驶员忽视。万一不注意，容易出现危险。

让迷途宝宝安全回家

2 岁宝宝由于好奇心旺盛，他开始对新鲜事物感兴趣，当和爸爸妈妈一起外出时，他会被一些新鲜有趣的东西所吸引。这时，他会停下来仔细观看，或跟随那个令他感到好奇的目标而离开父母独自前行，如果父母没有觉察，依旧继续往前走，那么出现宝宝走丢的现象也就在所难免了。

现实生活中，2 岁宝宝走丢的情况时有发生，这不得不给年轻的父母敲响警钟。带宝宝出门时，一定要多多留意和操心，随时注意孩子是否在身旁或在视线范围内，在人多的地方更要看好孩子，不要让他单独玩耍。当然，父母在照顾和监护好孩子的同时，还要教给宝宝一些生活防范常识，以便宝宝在出现意外时，能及时有序地从容应对。

在带宝宝外出时，一定要告诉宝宝，到公众场所不要离开父母的视线。每次出去前，先和宝宝做好沟通，让他遵守不要跑远的约定。假设他忘记约定，就要予以惩罚，比如少出去玩一次。这种合理的惩罚会让宝宝知道纪律的重要，是有益无害的。

随着宝宝记忆力的增长，2 岁的宝宝已能记住家里的电话号码和一些简单的家庭信息。这对于宝宝来说，是非常重要的，它可以帮助宝宝在与大人走失时，顺利地取得与大人联系和安全回到家中。当然，还要告诉宝宝，这些信息很重要，不能轻易告诉陌生人家里的信息，以免被坏人利用。大多数的宝宝都很喜欢在家里打电话和接电话，要教会他怎样打公用电话。当他和爸爸妈妈走散的时候，就可以直接给父母打电话了。

教导宝宝应付走失的状况，告诉宝宝当他发现和父母走失了，不要害怕和慌张，可以大声地喊几声"爸爸"或"妈妈"，如果父母就在附近，他们就能听到声音来找。如果没有回应，先不要到处乱找，而应该站在原地，因为父母发现宝宝不见了，会循着原路来找他。宝宝在原地等了一段时间还不见爸爸妈妈，就需要找一个可靠的人来帮忙。如果是在商场、公园等地方，应该去找里面的工作人员帮忙，请他们帮助广播找人，或者帮忙打电话给爸爸妈妈；如果是在马路上，那应该找警察叔叔或解放军叔叔。当然，在平时的生活中要教会孩子辨认警察、军人、保安等穿制服的人员。要让宝宝认识马路边的警察站、商店的柜台经理、街道办事处、派出所、医院等公共机关，让宝宝有事时可以到那里去求助。

为了让宝宝加深记忆，在平时的生活中，可以经常和宝宝做一些预演。父母根据实际情况，应设计多种可能发生的情境，通过角色游戏的方式让宝宝演练，这样宝宝就能逐渐掌握要领。当他真的遇到意外时，就不至于惊慌失措，而是能从容应对了。

Chapter 04

自豪与爱心
——2 岁幼儿出现的性格萌芽

每一个孩子的成长都是其“内在冲动力”的结果，宝宝品格的培养也要待其某些特定情绪或思维出现后才能进行。2 岁小宝宝开始出现了坚持的萌芽，有了自豪感、同情心、羞耻感，这些都是一些优秀品质的基础。

我自己做——别伤了 2 岁幼儿的自豪感

2 岁宝宝通过独立做事来体验自豪感

宝宝正提着喷壶笨拙地给花盆里的花儿浇水，有些水喷到了花草上面，有些却溅到了地上，造成了白白的浪费。妈妈过来准备接过喷壶，于是批评宝宝说："宝宝，这样浇花水都浪费了，来，妈妈教你。"宝宝却死死地抓着喷壶不肯放手，水照旧浪费着。妈妈觉得应该给宝宝做个示范，可宝宝就是不肯松手，恐怕自己失去浇花的机会。如果妈妈再坚持下去，宝宝可能就会大发脾气，做出不可思议的"疯狂"之举，没准将喷壶摔在地上，甚至捣毁花朵。

宝宝的固执令妈妈不解，宝宝的玩性竟然这么大？不惜同妈妈对抗也要去做。

并非宝宝玩性大，而是宝宝怕被剥夺参与的机会。宝宝 2 岁后，自己做事的愿望日益增长。当你要帮他穿衣服的时候，他非要自己穿，你要给他穿鞋子，他却不让你动，即使给他穿上了，也非要脱下来自己穿不可。虽然宝宝穿得很费力，甚至将左右脚穿反，也仍然倔强地要坚持自己来。一旦穿好了，宝宝高兴地走来走去，非常自豪，像完成了一件大事，征服了整个世界。

随着自我意识和人际关系意识的发展，在2岁幼儿的身上，已经能表现出“自豪”这种情感了。2岁幼儿的自豪感，能够通过独立做事情来体验和表现的，当他独立做好一件事时，心理会感到万分的自豪，觉得自己“无所不能”，这会使他对自己充满信心，敢于继续接受新的挑战。自豪感是自信心的基础，没有了自豪感，自信也就无从谈起。

2岁的宝宝已经具备了独自探索世界的基本能力，他经常跑东跑西，到处触碰摆弄，凡事喜欢自己动手。然而，随着碰壁、挫折以及父母的干涉接踵而来，宝宝的自豪感就被打破，他不知道为什么会自己正干高兴的事情时，会受到外界的干扰，于是就用摔东西、和大人对着干等方式来表现他内心的沮丧、羞愧、愤怒，以及更深层次的受伤感。

精心呵护自豪感，别让宝宝受伤害

2岁宝宝倔强、不听话，有时候就是在坚持着自己的追求，通过独立做事情来体验那份自豪感。细心的妈妈会发现，宝宝做事专注，不愿意他人打扰，当他通过自己的努力终于完成时，那种欣然的笑容溢于言表，甚至陶醉在自己的“成果”之中。他会把自己的“杰作”送到你面前，希望得到赞美，当得到妈妈的夸奖时，宝宝的小脸会笑成一朵花儿一样。他所做的一切努力，就是想在最后一刻，自豪地向世人展现自己，享受成功的喜悦。

做父母的可能都会遇到这样的情况：在父母洗衣服时，宝宝往往也会拿块布片放在水里搓；当父母择菜时，他也常常会蹲在旁边一起弄弄剥剥地参与其中。有的宝宝受到妈妈的赞扬，参与的积极性高涨，有的宝宝则会受到大人的驱赶，认为他是一个小捣乱，剥夺他参与的机会，打击他参与的热情。两种不同的教养方式，带给宝宝的后果也是截然不同的。

前者会使宝宝感到自豪，认为自己长大了，能帮妈妈做事了，从而使他参与劳动的积极性大增，充满自信；而后者则让宝宝体验不到成功的喜悦和自豪，会让宝宝失落，不仅会使宝宝对父母产生对抗情绪，久而久之，甚至导致宝宝形成自卑、懦弱、依赖的性格特征，容易使他养成好吃懒做的生活习惯。

每当宝宝做完一件事后，都希望自己的劳动成果能得到父母的认可和表扬。这时，不要吝啬你的赞美之辞，满足宝宝的心理需要，给予他精神上的“报酬”。赞许的微笑，亲热的拥抱，或是夸他一声“宝宝真能干”“宝宝扫的地比妈妈扫的还干净”均是给宝宝最佳的“报酬”，它带给幼儿的自豪感，是宝宝一生的财富。千万不要把宝宝的参与当成“捣乱”，这是他学习生活的渠道，应该给宝宝充分的自由参与进来，让宝宝体验成功的快乐。

“自豪”是人类普遍具有的情感，2 岁的宝宝就已经具有这种情感了。适度的“自豪”会推动和激励幼儿寻求知识、探索世界，最后达成目标。同时，“自豪”还会影响幼儿的人际交往能力，决定他将来是否能够顺利地融入集体和社会。而过度的“自豪”，则易演变为自负和自恋，它往往把成功归于先天而不是后天个人的努力。

宝宝成人后的自豪感，是从小就慢慢建立和培养起来的。如果不趁早开始，待感觉到宝宝很自卑和羞涩，或者过度骄傲时再采取行动，就需要花费很大的心力去更正。所以，要从小多给宝宝提供机会，鼓励宝宝大胆参与，不要怕宝宝添乱，让他觉得自己受到重视，从而为建立自豪感打下良好的基础。

关爱他人——2岁幼儿同情心的培养

2岁宝宝开始有了同情心

妈妈领着2岁的宝宝去公园感受春天的温馨景色，这里的小朋友可真多，宝宝的眼睛可有些不够用了，东看西看着那些跑动的宝宝，要不是妈妈牵着手，他也想放开腿去跑、去跳。不远处的一个小朋友突然摔倒了，宝宝赶紧拉扯妈妈的手，扬起小脸告诉妈妈："妈妈，小哥哥摔。"说完起劲地拉着妈妈向那边走去。宝宝蹲在那里，十分同情地看着倒在地上的小哥哥，嘴里说着"疼！疼！"。尽管他还不会主动去扶一把，可是眼里却充满了同情。

2岁的宝宝已经具有了同情心，当妈妈在做家务时手被桌角碰疼后，他会紧紧搂住妈妈的腿，嘴里喊着疼，并做出疼的表情。他能够联想到疼，通过紧紧搂住妈妈的腿来表示自己的关切和安慰。

其实，幼儿在1岁前就已经具有了同情他人的品质和能力。当他看到妈妈高兴的脸庞后，会以微笑回报；看到爸爸表现出愤怒或悲伤时，也会因“难过”而哭泣。宝宝已经具有了同情他人的品质和能力。但这时宝宝表现出来的同情心，从严格意义上来说，还不是真正的同情心。因为，同情心不同于快乐、愤怒或悲伤，是人类与生俱来的情感，是人类基本的情绪反应，同情心是一种社会化的过程，是随着社会认知过程的发展而发展起来的。新生宝宝没有这种认知能力，他们甚至还不知道哪儿是自己，哪儿是周围的世界，常常把周围世界的声响和自己发出的声响混为一谈。当听到别人哭泣时，他还以为是自己在痛苦，也会跟着大哭起来。所以，我们常常见到一个小宝宝哭泣，导致一帮小宝宝跟着“助威”的热闹场景。这种婴儿“感同身受”式的同情心，是在没有认知成分参与的情况下，直接把他人的痛苦当成自己的痛苦而产生的情绪体验。

到了2岁，宝宝能够从别人的角度考虑问题，开始萌生真正的同情心了。他会观察别人在做什么，也开始从自己的角度去了解别人的想法和情感，这使他有了初步理解他人的能力，是一个非常大的进步。因此，他显然更能为需要帮助的人提供支持和安慰。在生活中，能运用这种能力和经验去判断别人在想什么，是高兴还是难过。当发现别人表现出痛苦的时候，他会感到不安和痛苦，但他不再像婴儿时那样用哭泣来表达自己的不安，他开始学习用各种手段去帮助和安慰有困难的、受伤的人，如语言、动作、笑脸等方式。宝宝会对跌倒的小朋友说：“不要哭！”会把苹果分给伤心的小伙伴，会邀请闷闷不乐的小朋友加入游戏。他在学会同情他人的同时，也在学习如何安慰别人，当然，有时他会用错方法，比如用自己的玩具去安慰因切洋葱而流泪的妈妈。

2岁宝宝的同情心并非指向所有人，随着自我意识的萌芽，他能把自己从周围的世界中区分出来，也不再把别人的痛苦当成自己的痛苦了。一般情况下，宝宝更容易对他熟悉和喜爱的人产生同情心，而对其他的人则较为淡漠。不妨有意识地引导他去体会、去关心其他人的感受。

不过，这个年龄段的宝宝，主要依靠具体形象来思考，因此在实际生活中，宝宝的同情心往往依赖于具体的情境，如自己看到的、或别人描述给他的。尤其在听故事时，宝宝会表现出强烈的同情心。

养育一个富有同情心的宝宝

同情心是重要的人格品质，是每一个人都应该具有的。具有同情心的宝宝更能体会他人的情感，更容易融入社会。因此，在幼儿萌生同情心之初，就要对他进行同情心的培养，这是培养亲社会行为思想感情的基础。

很多父母都不了解幼儿心理发育的特点，比如宝宝看到别的小朋友哭，他也跟着哭，妈妈通常会认为宝宝受到了别人哭的传染，于是会不耐烦地将宝宝训斥一通。其实，这是宝宝同情心的表现，而并非宝宝“人云亦云”。妈妈的斥责会使宝宝产生认识的偏差，觉得他同情别的小朋友是一种错误行为。遇到这样的情形，妈妈最好给予宝宝一些正确的引导，比如给哭泣的小朋友递纸巾，为他擦擦眼泪，或者鼓励宝宝用小手轻轻地拍拍哭着的小朋友，并邀请他一起游戏。这样，既调整了宝宝混乱的同情心，同时也教会他正确的表达同情的方法。

想要养育一个富于同情心的宝宝，父母首先得富于同情心，为宝宝做出表率。如带着宝宝多参加一些公益活动，一起到孤儿院和养老院去帮忙、为灾害捐款等。多关心和帮助他人，使宝宝的同情心得到强化，让他觉得同情他人是一种积极的行为。

宝宝对小动物更容易产生情感，不妨多带宝宝去动物园与各种动物交流相处，让宝宝建立正确的认识，使宝宝懂得动物是人类的朋友，可以有效地减少宝宝对小动物的残忍行为，建立起同情心。最好让宝宝饲养一只小动物，如小乌龟、金鱼、蚕宝宝等。让宝宝每天给小动物喂食，让他学会观察小动物是否饿了、冷了、不舒服了等。这样既培养了宝宝的观察力，又培养了宝宝的同情心和责任感。一个对小动物都充满爱心的宝宝必定是一个富于同情心的宝宝。

通过故事引导宝宝理解他人的感受。在给宝宝讲生动的童话故事时，引导他成为同情善良的人。让宝宝产生朦胧的怜悯之心，让同情心在宝宝的心里慢慢生根发芽，起到潜移默化的作用。

要引导宝宝了解弱势群体，让宝宝蒙上眼睛，体验盲人的痛苦，每次见到残疾人，都做些力所能及的事情为他们提供帮助。让宝宝在帮助弱小者的行动中获得心理上的支持，慢慢地培养并巩固他的同情心。

当爸爸妈妈生病、受伤或心情不好时，可以以适当的方式向宝贝“诉说”，并向宝宝寻求“帮助”。如，让宝宝给生病的爸爸拿块糖，或者帮妈妈拿药等。这会让宝宝明白父母也需要他。应该给宝宝恰当的机会来表达他的同情心，而不是隐瞒事情真相，限制宝宝表达他的同情行为。

宝宝喜欢看动画片或者故事书，父母可以利用这些媒介向宝宝宣传，让他明白对哪些人和事应该表示同情，应该以什么样的方式来表示同情。对于其中一些负面的东西，要及时给予疏导，以免宝宝产生错误的认识。

父母对待宝宝要尽显温柔和疼爱。父母是宝宝最好的老师，他的模仿力很强，父母说话的语调与口气将直接影响宝宝的语态和心态。如果我们温柔地对宝宝说话，在交流时表达出温和与友善，那么宝宝就会模仿，并以同样友善的方式对待其他人。如果父母讲话语气生硬、随便，宝宝也会表现出相应的语气和动作。

总之，通过生活的方方面面，都能培养宝宝的同情心。只要父母有心，到处都是教育的课堂。对于 2 岁宝宝来说，只要方法得当，很快就能把宝宝调教成为一个富有同情心的“小善人”。

帮幼儿树立自信心的好时机

谁偷走了2岁宝宝的自信心

2岁宝宝出现了性格的最初萌芽，有的宝宝活泼、胆大、热情，充满了自信心，而有的小宝宝则懦弱、胆小，见到生人就像一只惊恐的小猫，躲在妈妈身后寻求庇护，更别说主动问好打招呼了。当然，这与先天因素有关，但后天的教养方式，更是导致宝宝不同性格的主要原因。

照理说，2岁宝宝正是初生牛犊不畏虎的年龄，在2岁宝宝眼里，整个世界都是他们的。他们忙于学习各种方法和技能，来探索这个未知的世界。只是，他们的冲动和热情在父母的参与下，有时难以发挥出来。溺爱、娇惯孩子，事事包办代替，成了宝宝建立自信心的拦路虎。有的父母嫌宝宝做事太慢，或嫌宝宝给自己招惹麻烦，就剥夺宝宝做事的权利；有的父母过分偏重智育，忽视孩子能力的培养；还有的父母怕孩子被同伴欺负，不让他出去与别的孩子一起玩，忽视孩子与同伴交往的正常需求，导致孩子对新环境感到陌生、不安和无助。

对于2岁宝宝，过度的照顾、过分的保护，并不利于他的成长，等于剥夺了宝宝锻炼的机会。什么都由父母包办，导致宝宝不仅缺乏必要的生活自理能力、游戏能力，而且缺乏活动能力及解决问题的能力。造成他不会与人交往、缺乏独立性、依赖他人的懦怯性格，一遇到困难就不知所措、畏缩退避，难成大事。

有些父母很少注意自己的评价对宝宝发展的影响，经常随意批评、否定宝宝的所作所为，要求宝宝事事听从父母的安排，嘴边经常冒出“这个你不行”“那个不能动，你会弄坏的”这样的话，用毫不遮掩的态度来怀疑孩子的能力，使宝宝形成对自己错误的认识，觉得自己真的不行。

如今的父母总希望自己的孩子能出人头地，生怕孩子输在起跑线上，往往对孩子提出过高的要求。这种不考虑宝宝实际情况的做法，也会影响宝宝自信心的形成。由于年龄特征和各方面能力所限，宝宝对妈妈所提的要求常常难以做到，这会使宝宝产生“我笨”“我不行”的心理，得不到自信心形成所必需的成功体验，使宝宝经历失败而走向自卑。

2岁，正是帮助宝宝树立自信心的好时机。这时的宝宝已经表现出积极或消极的情绪和自我体验，他在受到赞美和鼓励时，会感到愉悦和充满自信，而受到挫折和失败时，则表现得灰心丧气。所以，在宝宝性格刚刚萌芽的初始阶段，要给宝宝一个充满自信的健康性格，这会使宝宝受益终生。

让宝宝自信地面对未来

2岁的宝宝好奇心强，什么都想看看，研究研究，如果得到父母正确的评价和支持，一个充满自信的宝宝很快就出现在你面前了。

当宝宝做得够好时，一定要由衷地赞美他。比如懂事的宝宝每晚上床前记得把鞋子放整齐，或将玩过的玩具放回原处，都应当受到称赞。正确的表扬和赞美是宝宝树立自信心的催化剂。这既可以巩固宝宝学习的新知识、新技能，又可以帮助他充满自信地面对成长过程中的困难。

想让宝宝从自身的努力中获得信心，感受到自己的实力，一定要给予他充分的信任。2岁的宝宝表现出强烈的独立意识和自主愿望，什么都要自己来。遇到这种情况，不要去压制孩子，更不能说“你不行!”，应利用幼儿的这种自我认识和愿望，满足他们“自己来”的需求。即使宝宝失败了，也要帮他分析原因，鼓励他再试一试，使他知道通过努力能获得成功，从而感受到自己的价值。

当宝宝因疲劳而脾气暴躁时，应体谅宝宝，给予宝宝适当的安慰。否则，宝宝今后可能没有勇气把自己的忧虑、沮丧和失意表现出来，而变得胆小和优柔寡断。

多给宝宝爱和关注，一个内心充满爱的宝宝也应该是自信的。多以行动对宝宝表示爱心，如拥抱、亲吻、轻拍肩膀，让宝宝坐在腿上，使他感受到父母的安慰和支持，有利于增强宝宝的自信。

不要经常拿宝宝与别的宝宝比较，这会令宝宝感到自卑，使他觉得自己处处不如人而产生自卑感。在今后的生活和学习当中，宝宝的心理自然会蒙上一层阴影，自信心越来越不足。

宝宝的自信心是建立在必要的知识技能之上的，由于宝宝缺乏相应的知识和应对的技能，造成他对一些自然灾害、自然现象感到恐怖和不安。宝宝怕雷电，是因为他不知道是怎么一回事，所以，在生活中应该将一些知识和技能浅显地讲给宝宝听。通过知识的丰富，让宝宝充实自我，从而消除宝宝的恐惧心理，使他更好地建立自信。

在宝宝成长过程中，不要做拔苗助长的事情，不要总用过高的标准去要求宝宝，应考虑宝宝本身的特点和能力。过高的标准易使宝宝屡遭失败，产生持续失败的挫折感，积累“我不行”的消极情感体验，使孩子丧失自信心。

要尊重宝宝的个性发展，当他没有按照你的想法做时，不要强迫他改变想法。同时，要鼓励和肯定他的独立能力，帮助他建立良好的自信心。

自信心是宝宝成才与成功的前提条件，自信心可使宝宝不畏艰难，积极尝试，奋力进取，取得更多的知识和经验。而一个缺乏自信、充满自卑的宝宝，即使脑子很聪明，反应灵敏，但稍遇困难和挫折就会发生不坚定、打退堂鼓的念头。因此，培养宝宝的自信心，是他一生受用不完的财富。

2 岁幼儿的"坚持"

2 岁宝宝出现了坚持的萌芽

妈妈刚刚将宝宝最喜欢的漂亮水壶装满热水，宝宝看见妈妈拿了漂亮的水壶，忽然记起，这是自己最喜欢的水壶，便会开始"要"。水壶中装满热水，当然不能给宝宝玩，然而宝宝会执著地哭泣着，非要自己喜欢的水壶。妈妈没有办法，只好用其他的东西来转移注意力，转身将宝宝最喜欢的玩具熊递给他，宝宝被这件玩具所吸引。可是，把玩一会儿，又缠着妈妈要他最想要的漂亮水壶。于是，哭闹又开始了，直至宝宝拥有了水壶。

宝宝的这种"要"，就是坚持性的萌芽。坚持性是幼儿意志发展的主要指标。1 岁半至 2 岁的宝宝已经出现坚持性的萌芽，他们坚持摆弄玩具的时间达 3~9 分钟，然后会被其他的东西所吸引。许多宝宝之所以没有"长性"，并不是宝宝"三心二意"，这与他的坚持性有很大的关系。

虽然2岁宝宝的参与度高，但坚持性发展水平还很低，往往只有三分钟热度，他们的行动很容易受到当前具体情境的影响。所以，在活动中常常表现为破坏规则行为、放弃活动等，难以做到坚持。

对宝宝而言，世界上的许多东西都是新奇的，一会儿想玩积木，过一会儿又发现玩皮球更有意思。随着宝宝年龄的逐渐增长，认识能力的提高，自我控制能力的加强，他的坚持性也会得到发展。但是，宝宝的坚持性是需要培养和锻炼的，不能任其自由发展。

只要你细心观察，就会发现宝宝做事时有个特点，刚开始时认认真真地做着，时间稍长就会开始马马虎虎，不耐烦起来了。有时小宝宝刚吃饭时很香，没吃两口就东张西望地看着，甚至玩耍起来。正在搭着积木，搭了一半丢在地上不管了，又跑去拉开抽屉，把里面的东西弄得乱七八糟，不管不顾地到处乱扔。

在生活中，许多成人做事依然浮躁，缺乏持久性，往往半途而废，这与儿时的坚持性培养有很大的关系。缺乏坚持性是很多宝宝的通病，父母不能因为宝宝小，或是自己的工作忙而忽略对宝宝坚持性的培养。如果宝宝养成做事没有持久性的习惯，那么在成人后很可能一事无成，碌碌无为。

培养宝宝的坚持性，别打扰宝宝

2岁，正是宝宝坚持性萌芽的初始阶段，在一开始时就要重视宝宝坚持性的培养，通过适当的训练和引导，帮助宝宝养成做事持久的好习惯。

2岁宝宝受限于心智和身体协调能力，还难以完成难度较大的任务，在给他派任务时，要照顾宝宝的特点，要保证让他在能很快完成的情况下再下达。任务太多太难，宝宝会望而生畏，就会产生对抗情绪，或者干脆没开始就放弃了。对于一些难度较大的任务，可以采取分解小目标的方法，让宝宝分阶段去完成。每完成一个小目标，都要及时鼓励宝宝，使宝宝有激情和信心去完成下一阶段的任务。

父母做事的态度在很大程度上影响着宝宝做事的态度，一个三天打鱼两天晒网的家长很难培养出有恒心的孩子。所以，爸爸妈妈首先要有坚持性，为宝宝做出表率。只有这样，宝宝才能养成做事持久的好习惯。

由于2岁宝宝坚持性还很差，所以当宝宝做事时，不要随便打扰他，只要他自己注意力允许，就让宝宝沉浸在自己喜欢的活动中吧。看到宝宝做得不熟练也不要着急，更不能唠叨和训斥宝宝。培养宝宝的坚持性需要一个耐心教导的过程，父母也应为宝宝创设一个良好的做事环境。

宝宝喜欢花草，父母可以利用家中的阳台，买来花盆和一些花子，教宝宝种花草，让他在培育花草的过程中，观察植物生长的过程，如何时发芽、长叶、开花，体会一个生命的成长。在这个过程中，让宝宝明白：无论怎样着急，你今天撒下种子，它不会明天就长大。要想有收获，必须耐心地等待，给它浇水，有时还要松土，并让它享受到充足的阳光。这对于宝宝养成坚持性大有好处。同理，养金鱼，饲养小的动物都可强化宝宝的坚持性，使他忘不掉自己的责任。

要求2岁宝宝长时间集中精力是不现实的，此时的宝宝一般自主坚持几分钟就已经很了不起了。虽然宝宝的坚持性需要耐心地培养，但是要根据宝宝的发育特点来制订训练方案，最好是在学习几分钟之后，给他几分钟自由活动的时间。这样一来，宝宝就不会轻易感到自己很“累”，再让他继续做下去，就容易坐得住。为了使宝宝有更高的兴趣，把“注意力”坚持到底，要经常更换让宝宝注意的内容。切不可采取“疲劳轰炸”的方式强迫宝宝去做他不愿意做的事情，非但起不到培养的作用，反而使宝宝难以坚持下去。

宝宝对自己感兴趣的事情，往往更能持久，所以，应善于发现孩子的兴趣，从他的兴趣入手，培养宝宝做事的坚持性。如宝宝喜欢听故事，就要绘声绘色地为他讲故事，宝宝既学习了许多知识，又锻炼了他的坚持性。宝宝爱玩沙土，就带他去河边筑堤坝，搞沙雕。宝宝对自己感兴趣的东西才可能长久地关注，而对宝宝不感兴趣的事情，不要勉强他去做。即使他按要求在做，也会心不在焉，这不利于坚持性的培养。

培养宝宝的坚持性并不是一件轻松的事情，为了宝宝的成长，父母就应该做出牺牲，更需要具有坚持性。只有这样，才能培养出一个有恒心的、做事持久的宝宝。

什么都要插手的“小帮手”
——爱劳动从小培养

喜欢事事插手的“小捣乱”

2 岁宝宝大多非常喜欢帮助妈妈干家务活，他喜欢择菜、扫地，甚至在你包饺子的时候，也要掺和掺和。宝宝这种爱掺和劲儿，可不是瞎捣乱，而是在学习生活技能呢！

有些父母会觉得，2 岁的一个小家伙，正是疯玩的时候，他还能干什么家务，除了添乱，就是添乱。这种想法千万要打消，2 岁宝宝已经能帮助父母做一些事情了，而且宝宝也很乐意帮大人干活，如给花浇水，帮助大人提东西，拿肥皂、管帚、挎包、拖鞋、小板凳等。利用宝宝爱参与的积极性，在开饭时可以让他帮着搬凳子、摆碗筷，还可让他和家长一起打扫居室卫生，如扫地、擦桌椅柜橱。这些事情可以使宝宝感到十分快乐，觉得自己长大了，能帮助爸爸、妈妈做事情了。

由于宝宝能力有限，他可能还做得不够好，有时会出现一些失误，但不能因此而不让宝宝继续做下去。假如不给宝宝实习和尝试的机会，宝宝可能永远都做不好，他自己也会认为自己不是这块料，从而放弃参与劳动，而真的成了一个小顽童。得不到劳动锻炼的宝宝，必然是一个不勤快的宝宝。

如果不想让宝宝长大后成为一个四体不勤、五谷不分的懒汉，那么，不妨从现在开始，就给他分配一些力所能及的劳动任务，做你的家务“小帮手”吧。一定不要怕宝宝惹麻烦，要鼓励宝宝做事，给他充分展示的机会。

让宝宝成为你的家务“小帮手”

2 岁的宝宝尽管爱参与，但是也要抓住他参与的时机才更有效果。一般来说，宝宝开始学走路就不要大人抱，学吃饭的时候不要人喂，要自己舞匙弄筷地吃；给他穿衣服，他抢着自己套上身，这些时候都是宝宝学习做事情最强烈的时候，他更愿意听来自父母的指导。通过自己的努力和父母的指导，宝宝取得了成功，心理自然产生一种自豪感。使他享受到“我会做”的喜悦和成就，下次参与的积极性就会更高。

游戏是宝宝的生活主题，可利用宝宝游戏心理，和宝宝互动。要他收拾玩具的时候，可以这样说：“玩具宝宝玩累了，他们要回家睡觉了，让我们送他们回家吧。”开饭的时候可以说：“妈妈当厨师，你当服务员，请服务员帮忙把菜端出去。”当宝宝把碎纸扔得满地都是时，你可以让宝宝把笤帚当成探雷器，和宝宝玩扫雷游戏，他就会很积极认真地完成清扫工作，即使累得满头大汗，他也卖力地去“扫雷”。平时可多下些工夫，为宝宝设计家务游戏，当宝宝感觉做家务就像玩游戏那么有趣时，他们一定会喜欢，也会积极参与进来。

现在都是一个孩子，父母觉得2岁宝宝还小，人还没有笤帚高呢，怎么舍得支使他做家务？不要总认为孩子小，许多事情都舍不得让他做而事事代劳，久而久之，宝宝没有机会练习，渐渐地，很多事情就真的不会做了。因此，要舍得让孩子锻炼。简单的家务并没有多累，宝宝也能够胜任。

由于宝宝心智和肢体协调能力尚差，不可能做什么事情都能顺利地完成，在干家务时显得磨蹭，动作不利索。这时，不要批评宝宝连简单的擦桌子都做得不够好，而是要鼓励宝宝，夸他很棒，这样会使宝宝体验到劳动的愉快，激起再劳动的欲望。宝宝做得多了，自然就能熟练起来。幼儿早期出现的劳动热情，往往会给家长增添一些麻烦，可能要浪费大人一点时间，甚至还会糟蹋一些东西，但是这和给宝宝养成一个终生受益的劳动习惯比起来，又算得了什么呢？

对宝宝进行劳动训练，还要给宝宝提供适宜的工具。如宝宝要扫地，家里的大笤帚他可能拿不了，不妨给他用扫沙发扫床的那种小笤帚，宝宝用起来挺方便，于是更喜欢扫地了。

和宝宝合作做家务，也是培养宝宝积极参与劳动的一个好方法。如擦地的时候，让宝宝擦第一遍，这样即使他做得不够好，父母在第二遍中也能弥补。

要想把宝宝训练成为家务小帮手，父母还应及时给予指导。当他很想帮忙，而没有得到指导时，宝宝可能就会为此而消沉，以后对家务事变得不再关心，也不愿帮忙了。想培养一个爱劳动的宝宝，就要在宝宝乐意帮忙的时候支持他，细心教他操作方法并做示范，通过实际的指导，使宝宝尽快成为真正的小帮手。

当然，宝宝参与家务劳动，父母最担心的是安全问题。有的父母因为怕孩子磕着碰着，往往会限制孩子做一些事情。这就需要父母做一个有心人，必须清楚严格地告诉宝宝什么应该什么不应该。如倒水时，要告诉宝宝倒温水，因为这样不会烫着手。或者你在厨房做饭的时候，宝宝也爱来帮帮忙，像揪面片、煮饺子，他也要参与。不必谢绝宝宝的参与，如果手把手带着他做，就不会烫着他了。一定要告诫宝宝，当他一个人的时候不要动手。

要想使宝宝养成主动做家务的习惯，做到生活有条理，要适时为宝宝定规矩。当宝宝玩完玩具后，一定要求他必须收回原处，若不收，妈妈就将玩具没收。脱下的衣服，要整齐地叠放在床头，打开的水龙头要记得关上，拉开的抽屉必须及时推回原位。通过立规矩，严格要求，会使宝宝逐渐养成自己的东西自己整理和爱整洁、有条理的好习惯。

宝宝喜欢仿效父母做事情，要想宝宝成为一个爱劳动的小勤快，父母必须做出表率，身体力行地感染宝宝，为宝宝创设劳动氛围。宝宝耳濡目染，自然而然就养成了爱劳动的习性。如果父母回到家后不是打游戏，就是看电视，家里凌乱不堪也不知道收拾，宝宝怎么可能会主动去劳动呢?

如果真正爱孩子，不妨从现在开始，为他创造一种环境和条件，对他进行早期劳动训练，让宝宝做力所能及的事情，成为你名副其实的家务“小帮手”，这会使他受益终身。

2 岁幼儿不同性格特征的“苗头”

2 岁宝宝的个性特征已明显表现出来

刚出生的小宝宝，就会有气质，即神经类型的差异，如有的小宝宝活泼爱动，有的则显得沉静或呆板。只是，此时他的个别差异表现得还不是非常明显，也是极不稳定的。因此，还谈不上性格的形成。在后天的环境和教育下，宝宝的这种先天气质不断发生改变。到了 2 岁时，幼儿的个性特征就明显地表现出来，这标志着幼儿性格的初步形成。

2 岁幼儿已出现不同性格特征的“苗头”。如在好奇心的强度方面，有的宝宝对探索环境的兴趣十分强烈；有的则对外部的环境很少或不太关心。在独立意识方面，有的宝宝什么都要求“自己来”，如果大人代劳，他会十分气恼。即便你帮他穿好鞋子，也会挣脱，自己重新再来；有的宝宝则有明显的依赖性，什么事情都要“妈妈帮我……”在与人相处方面，有的宝宝容易合群，很快就能与他人打成一片；有的则经常处于哭泣、告状等防御地位。在情绪方面，宝宝的个性特征也存在明显的不同，有的宝宝即使不给他喜欢的玩具，他也能安安静静地在一旁玩别的玩具；而有的宝宝则不给他所要的玩具就哭闹，甚至拒绝要别的玩具，誓有不达目的绝不罢休之势。

2 岁幼儿的不同性格特征，是在幼儿与周围环境相互作用过程中形成的。在充满爱和温馨的氛围中，宝宝得到了良好的照顾，会使他从小得到安全感，形成对母亲的信任和依恋。而生活在父母争争吵吵的环境中，大多数宝宝的性格也会变得多疑暴躁。

性急的宝宝饿了，会立刻大哭大闹，这使妈妈不得不马上放下其他的事情，急忙给他喂奶，安抚急躁的小宝宝。而对那些饿了只是断断续续地细声哼哼唧唧的宝宝，妈妈可能把手头的事情做完，再过去喂奶。天长日久，就会使前面那种性格的宝宝形成不能等待别人的习惯，自己的要求必须立即得到满足的性格特点。而后一种宝宝则可以养成自制的性格。

父母的抚养方式和教育对幼儿性格的最初形成很重要，家里的东西总是摆放得整整齐齐，衣服扣子总是扣得很好，饭前便后洗手，等等，这种耳濡目染的现实使宝宝在潜移默化中，形成了逐渐稳固起来的态度和行为习惯，也就是好整洁、爱劳动性格特征的萌芽。如果宝宝看见糖就拿起来吃，甚至大把大把地抓到自己身边，父母不及时加以教育，反而报以赞赏的表情和语言，那么就会使“独占”的自私种子得以孕育。

培养宝宝的良好性格，要从小抓起

每个人之所以脾气秉性不同，是由于幼年时期性格萌芽之初受到不同的引导所致。做父母的应当重视宝宝最早出现的这些不同性格特征的“苗头”。因为，此时它虽然还没有定型，但它是未来个性形成的基础。在一般情况下，个性容易沿着最初的倾向发展下去。如个性比较顺从的宝宝，容易遵照成人的吩咐和集体规则行事，以后将仍然稳定形成与人和睦相处、遵守纪律和规则的个性。而对于那些最初形成任性性格的宝宝，他会要求别人处处依从自己个人的愿望，父母如果迁就他，这种任性的个性特征也将日益巩固而最终定型。

由于此时宝宝的性格还不稳定，并有很大的“可塑”性，因此，要及时抓住这个塑造宝宝性格的好机会，给予他正确的引导，使宝宝的性格朝着良好的方向发展。如果父母能在3岁前，对幼儿个性上的优点有意地进行培养，而对幼儿个性中的缺点和弱点，有意识地进行矫正的话，就可以使这些早期出现的缺点和弱点被掩盖而不显现，这对塑造幼儿的良好个性是十分重要的。

培养宝宝良好的性格，首先应为宝宝提供一个民主、和谐的家庭环境，父母的教养、态度和方式对幼儿健康性格发展的作用是巨大的。家人之间互相爱护、尊重、关心、体谅，对宝宝严爱适度，有要求，有疼爱，能够使宝宝正确地认识和评价自己，形成自尊、自信、自主、亲切、责任感等积极情感。相反，如果宝宝生活在充满不和睦、不健康的家庭环境中，如父母动不动就发脾气，甚至吵架，孩子就会缺乏安全感，对人不信任，有的甚至会产生攻击性行为或暴力倾向。

常言道，孩子是父母的影子。母亲爱整洁，女儿也是一个讲卫生、做事有条理的人；父亲谈吐粗鲁，儿子也往往出口成“脏”；父母对人体谅和宽容，孩子也必定颇具仁爱之心和同情心。因此，培养宝宝的优良性格，父母首先要以身作则，要以自己良好的个性、情操去感染孩子，影响孩子。

宝宝 2 岁正是培养独立自主的关键期，一定要好好把握哦！在保证宝宝安全的前提下，放手让他去做力所能及的事情，并适时地提供给他适当的帮助、指导和赞美，让宝宝享受到成功的快乐。

宝宝虽小，也是一个独立的个体，有他自己的愿望、兴趣和爱好，要尊重宝宝。多站在宝宝的角度去考虑，常用商量、引导、激励的语气和宝宝交流。万不可将自己的意志强加给宝宝，也不能认为孩子小，随意斥责或辱骂也无关紧要，更不要嘲弄、讽刺宝宝。

培养一个健康、优秀性格的宝宝，可不是一朝一夕的事情，需要父母付出耐心和恒心。只要长期坚持，相信你一定会调教出一个活泼、懂事、宽容、勇敢、自强的好孩子。

Chapter 05

不必刻意，顺其自然
——2 岁幼儿应该进行的智力培养

2 岁宝宝比 1 岁宝宝的思维发展了很多，也确实可以进行一些智力培养。不过，值得注意的是，不论 1 岁宝宝，还是 2 岁宝宝，智力培养都应符合他们的思维发展特点，而且需要不刻意的、顺其自然的方式。

从认识环境开始
——2 岁幼儿想象力的培养

2 岁，宝宝开始想象了

睡觉前，宝宝把躺在床上的布娃娃抱起来，嘴里嘟嘟囔囔地说："宝宝，尿尿再睡。"然后像模像样地给布娃娃把起尿来，直到觉得"宝宝"尿完了，才把布娃娃放到床上，还要盖上小被子，自己才躺在那里拍娃娃睡觉。

2 岁的宝宝已经开始想象了，他常常把日常生活中的某些简单行为，悄无声息地反映到游戏中去。如模仿妈妈喂饭的动作，自己抱着娃娃喂饭；把小椅子想象成汽车，自己假装成司机开车；模仿医生给病人打针；等等，这些都是宝宝想象的结果。

宝宝想象的最初表现约在 2 岁才能观察到，但这时的想象有意性很差，属于再造想象，是一种低级的想象活动。宝宝的想象只是把他在生活中所见到的，感知过的形象再创造出来，想象的内容还很贫乏，显得比较简单，形式也比较直接，一般都是和自己的日常生活最为密切的吃饭、喝水、尿尿等简单直观的行为。这与2岁宝宝的生活、知识经验还不是很丰富，语言水平比较低有一定的关系。

这个时期宝宝的想象还完全没有目的性，在他进行某个活动或某个游戏之前，并不知道自己到底要干什么，最后要达到什么结果，宝宝的想象多数是即兴的。只是在游戏中忽然联想到生活中的点滴细节，随着想象而产生的简单模仿。当爸爸妈妈问他为什么要这样做时，宝宝通常都不会很清楚地表达自己这样做的目的。但如果给予他适度的动作和语言提示，比如说布娃娃是不是肚子饿了，他就能马上联想而作出相应的“是”或者“不是”的回答。这是由于在2岁宝宝思维的发展中，产生的想象更多依赖于感知形象，特别是视觉形象。宝宝在日常游戏中，如果身边没有可玩或可操作的材料，他是很难开展想象的。没有布娃娃，他就不能想象到去喂饭、把尿，没有小板凳或笤帚，也就很难想象到玩开汽车或骑马的游戏。

由于缺乏经验，宝宝早期的想象似乎常常还与知觉的过程相纠缠，他们往往只是用想象来补充他们所感知的事物。对于这时的宝宝来说，不可能的事情是没有的，所以他们常常把想象和现实混淆起来。宝宝的言谈中常常会有虚构的成分，对事物的某些特征和情节往往加以夸大。这也是在我们看来两三岁宝宝有时“撒谎”的原因。

2岁宝宝的想象力从认识环境开始

宝宝在进行想象活动时，往往是从自己日常生活中所接触过的事物中来寻找想象的形象。生活是感知的源泉，也是想象力的源泉。

培养宝宝的想象力，应从扩大宝宝的视野，丰富宝宝的感知入手。对于 2 岁的宝宝来说，可以让他多多认识周围环境，如托儿所和小区附近的新鲜事物；认识一定的社会环境，如超市、邮局、影剧院、图书馆，以及当地的名胜古迹；或者带宝宝去郊外看看广阔的田野，让他认识一些农作物，看看庄稼是如何生长、成熟和收获的；与宝宝一起到风光旖旎、山清水秀的地方，让宝宝欣赏大自然的美丽，观察一下大自然的变化。这些都会丰富宝宝的生活和知识，给宝宝的想象力提供可以依托的素材和空间，从而唤起宝宝丰富多彩的想象力。

除了带宝宝认知环境外，鼓励宝宝学会模仿也很重要。模仿，是想象力发展的起步。宝宝常常从模仿开始自己的再造想象，模仿得越像，再造得就越是自如。在模仿的过程中，宝宝逐步学会抓住事物的本质特征，建立本质间的联系，然后逐步把各种事物间的必然联系重新组合起来，进而发展了创造性的想象能力。

宝宝的想象力还在于父母的引导，父母做出的一些肢体动作，可以帮助宝宝去感知眼前的事物，从而出现新的形象。妈妈双手合在一起，放到耳边做睡觉状，宝宝就能想象到睡觉时的样子。妈妈做一个舞蹈动作，宝宝就会翩翩起舞，这都是宝宝的想象在起作用。另外，父母的语言提示，也能在一定程度上促进宝宝想象的发生。因此，在宝宝的活动中，父母可以经常通过提问或提示的方法来唤起宝宝大脑中的有关形象，从而促进宝宝想象的产生。

让宝宝放开手脚信手涂鸦，也是发展宝宝想象力的一个好方法。不要小瞧宝宝那些杂乱无章的涂鸦作品，在宝宝眼里，那弯曲的线条就是小河、浪花、毛毛虫。他的一个圆圈可以是太阳也可以是月亮，还可以是饼干、鸡蛋、圆球。宝宝的想象力就是在这有意无意中丰富起来的。

经常给宝宝安排些动手的活动，搭积木在宝宝眼里就是在建高楼大厦，就是在修一座大桥，他的大脑里会出现见到过的高楼、走过的桥梁等影像。尽管他的建筑水平很糟糕，但是却达到了开发宝宝想象的目的。帮助妈妈做事情、用泥塑制造自己的玩偶、剪纸粘贴等都可以起到锻炼的目的，手指尖的活动会使想象力更加新颖、更别具一格，富于创造性。

给宝宝丰富多彩的活动机会，是发展想象力的有效辅助性活动。让宝宝多多参与丰富多彩的活动，给宝宝创设表演的机会和锻炼的条件，充分发挥宝宝的创造才能，给他插上想象的翅膀，让活泼愉快的宝宝尽情大胆地想象。

游戏可以说是宝宝们的话剧，宝宝提供游戏创造出爸爸、妈妈、解放军、哨兵、警察、医生等各行各业的形象。在演游戏中还能进入小猫、小狗、小兔的神话世界。创造出新异有趣的角色和形象，使再造想象得到更快的发展。他们的表演天赋远比专业演员大，因为他们可以在边表演边丰富情节，认真投入的程度更大。

父母讲的故事也特别能激发宝宝想象力的发展，而丰富的想象力往往来自联想，许多宝宝可以在你讲到一个事物时联想到很多个与此有关的事物，这就是想象力的开端。

从小培养宝宝的想象力，对宝宝以后的成长是非常重要的，父母是宝宝开展想象的最好“工具”，有心的父母可以帮助宝宝在生活中处处展开想象，使宝宝得到更多的提示或暗示，从而得到充分的想象力的锻炼和开发。

2岁幼儿的社会化
——“放任”幼儿的模仿

幼儿的社会化，从模仿中来

宝宝的模仿力和模仿欲望很强，父母干什么，他就要干什么。为了模仿大人的动作，现在他成了“大忙人”，如抢着帮妈妈拿着墩布拖地，主动去洗碗。只要大人干的活儿，他都想尝试，成了名副其实的“小捣乱”。宝宝的模仿力比以前更强了，从前只是简单的模仿，现在他还可以模仿一些比较复杂的动作，如用锤子钉钉子，有时也会在模仿的基础上有所创造，不但像爸爸一样用锤子钉钉子，还可能用锤子钉其他宝宝认为应该钉的东西。

宝宝选择性的模仿，基本集中在对父母行为的模仿上。父母炒菜，他也像哑剧似的做着惟妙惟肖的炒菜动作；父母扫地，他也拿起笤帚去扫地。除了动作上的模仿外，宝宝还会经常重复父母的语言、表情及某些特定行为。妈妈在打电话时，总是爱先说“你好”，宝宝便也跟妈妈学会了，家里的电话铃声一响，宝宝便抢着跑过去说“你好”；爸爸和久别的朋友亲切握手，他会在某一个时间突然想起，紧紧握住妈妈的手不放松；而看到妈妈将地下的碎屑扔进垃圾桶，他也会将自己吃剩下的果皮丢入其中。

2岁的宝宝已名副其实地成为了一个社会人，宝宝的社会化进程，就是在这不断的模仿中一步步推进的。模仿是人的社会行为的重要部分，也是检查幼儿心智成长的重要依据。当宝宝2岁时，不但模仿各种行为都像模像样，还开始模仿社会性行为，并且可以把行为协调起来，进行系列模仿。

可不要小瞧宝宝的模仿，这看似简单的模仿，对于宝宝来说，实在是一种了不起的成长模式。它表明宝宝的心智已经发展到领悟和掌握某行为背后的能力的时候了。模仿是宝宝对自己身体行为上的一种确认，就好像他可以停在某一种系列的动作中，然后将此动作重复出来，最终形成自己的能力。

模仿，是2岁宝宝生活中的主题，通过模仿，宝宝学习生活技巧和社会交往，巩固看到的、学到的知识。不要将宝宝的模仿看做是“儿戏”，他的成长就是从这看似简单的模仿开始逐渐走向成熟的。

让宝宝在模仿中快乐成长

2岁的宝宝正处在生活敏感期，对什么都喜欢体验、探索。他们把生活当做游戏，他们的表演天赋极高，到处都是他们可以表演的舞台。宝宝模仿摔倒时，那种摔倒、爬起来，再摔倒、再爬起来，在别人眼里，是那么的枯燥无聊，可是宝宝却玩得不亦乐乎，每一次摔倒都能给他带来巨大的喜悦。

是啊，这就是 2 岁宝宝，在我们成人看来是何等无聊的模仿，而他来说，却是一种可以获得愉快、力量、财富或别的渴望目标的自我意识的尝试。因此，不要轻易制止宝宝的这种重复的、“无聊”的模仿，这会破坏了宝宝敏感期的正常发展，从而使他智能和认知的发展受到阻碍。要给予宝宝充分模仿的自由，让宝宝按照自己的想法去做。在同宝宝一起生活时，要尽量放慢自己的动作，满足宝宝模仿的需要，给宝宝成长的空间。不要嫌宝宝捣乱而不给宝宝提供机会，要利用宝宝这种积极性，为他创造条件，多让他做些力所能及的事情。

当然，宝宝的模仿也离不开父母的引导。对于 2 岁的宝宝来说，他对周围的事物极感兴趣，什么都想模仿，尤其是对那些他认为最刺激的事儿更愿意进行模仿，但是他的辨别能力还很差，分不清哪些可以模仿，哪些是不应该学的。当宝宝从电影电视中看到坏人叼烟的动作及打、杀、踢、斗时，他会感到新鲜有趣，于是便开始模仿起来。这时，就需要父母干预了，这些坏的习气和动作是不宜宝宝模仿的，尽量不要让宝宝看到，或告诉宝宝那是不好的行为，不要进行模仿。

生活中，要引导宝宝多模仿健康的东西。让宝宝模仿医生给人看病，宝宝会用椅子摆成医院，像模像样地给布娃娃听诊、开药；模仿售货员时，宝宝会用小推车推着他的货物叫卖。模仿摆家家、做家务活、当服务员都是良好的行为。这种创造性模仿可增加宝宝生活知识，学会生存，从小树立为别人服务的理想。

由于父母是宝宝最熟悉、最亲近的人，所以，宝宝喜欢模仿父母的言行举止和表情神态。这就需要父母时刻注意和规范自己的一言一行，不要将某些不文明的行为和语言被宝宝模仿去。为了宝宝，不妨完善一下自我，改掉以往一些不恰当的行为习惯，给宝宝树立一个好榜样，让宝宝学到更多好的行为和语言，使宝宝得到健康发展。

2岁，宝宝正是在用模仿学习技能和认知世界。父母要做一个有心人，放任宝宝的模仿，积极为宝宝创造良好的模仿环境，让宝宝在模仿中学习，在模仿中发展能力，在模仿中快乐、健康地成长。

2 岁幼儿观察能力的培养

2 岁宝宝的观察力比 1 岁时有了进步

不要认为宝宝是一个没心没肺的小不点儿，他已经开始有了心机，知道观察身边的不同事物了。宝宝的观察能力相对来说出现得比较早，在他还是婴儿时，就知道“察言观色”了。只是婴儿期的小宝宝，对事物的知觉往往是被动的，缺乏目的性，常常受对象本身的特点和自己的兴趣所制约。

进入 2 岁的宝宝，虽然观察水平还很有限，但和他 1 岁时比较起来，又取得了很大的进步。宝宝能分辨家里每个人的杯子，注意到别人做事的方式，周围环境的变化也都逃不过宝宝的眼睛。带宝宝去公园玩，湖里有一些野鸭子在游泳，宝宝会目不转睛地看着。回到家里，他不仅能惟妙惟肖地模仿小鸭子游泳的动作，还能简单地向妈妈描述小鸭子是怎样游泳的。

观察活动是宝宝认识世界的重要途径，是一切智力活动的基础。

可是，在生活中，并不是所有的宝宝都具有敏感的观察力。那些粗心的宝宝很少关注身边的事情，而细心的宝宝却不同，他们对身边的事情很关注，爸爸看书没戴眼镜他能及时指出来，家里的鱼缸了多了一条热带鱼他也能及时发现。同样是2岁宝宝，在观察力上却显得截然不同。这证明，宝宝的观察力也需要引导和培养，不能任凭宝宝自然发展。

2岁幼儿观察力还很不成熟，他在观察事物时，只注意事物表面的、明显的、有趣的部分。喜欢观察那些活的、动的物体，如小鸭子游泳、小鸡吃米、小猫玩球等，而不喜欢观察静的物体。颜色鲜艳的东西也更能引起宝宝的观察兴趣，如孔雀开屏、花园里的鲜花等，色彩单调的东西不容易吸引宝宝的眼球。幼儿观察的目的性也不够明确，本来让宝宝观察小白兔形象，他却可能被小兔子吃草的动作所吸引，再也顾不上注意观察兔子的红眼睛、短尾巴和长耳朵了。假如带2岁幼儿出门，可以看到，他总是东张西望，左顾右盼，恨不得一下子把周围的一切尽收眼底。显然，此时宝宝的观察常常是杂乱无章的，他不知道该用什么方法才能更好地了解自己所要观察的事物。这是幼儿发育阶段的局限性造成的，随着宝宝的逐渐长大，他的观察能力会逐渐完善。

给宝宝一双“慧眼”

良好的观察能力是宝宝认识世界的窗户，能使宝宝获得更多的知识和经验，利于智力潜能开发。为了培养一个独具“慧眼”的宝宝，父母应注意利用日常生活来发展宝宝的观察力，这对于宝宝今后的智力发展十分重要。如果父母不能予以引导，他们多半是一个无心的宝宝，长大成人后，也是一个没心没肺，不能体贴入微的人，很难做出创造性的事业。

2 岁宝宝对世界充满好奇，大千世界中有无数让宝宝感兴趣的东西，不妨利用宝宝的兴趣，引导他去进行细致的观察和思考。当正在玩耍的宝宝蹲在树下看蚂蚁时，便引导宝宝观察小蚂蚁，提醒宝宝想一想，小蚂蚁跑来跑去在干什么？它会迷路吗？宝宝会感到很好奇，他会仔细观察，这时不妨给宝宝讲讲这方面的知识，来满足宝宝的求知欲。从宝宝的兴趣出发，更能增长宝宝的观察兴趣，使他乐于观察。

要想培养宝宝爱观察的习惯，生活中还要为宝宝创造各种各样的观察条件，如经常带宝宝到公园玩，或参观浏览。让宝宝观察树木花草的颜色形状、游客的神态表情、公园里发生的事情。带宝宝走在马路上，可以让他观察红绿灯、各种车辆、商店的橱窗等。

当然，为宝宝创造观察条件的同时，还要引导宝宝，帮他确定观察目的，如让宝宝区别一下杨树叶和柳树叶的不同，这样宝宝就会仔细地观看。而不对宝宝加以引导，即便在公园里转了半天，回到家里，宝宝也说不清看到的事物。

其实对于小孩子来讲，无论他的观察是否全面细致，都没有什么关系，关键是要激发他的观察欲望。随着观察的不断深入，宝宝肯定会从中得到锻炼和提高。2 岁宝宝喜欢鲜活的、丰富多彩的东西，不妨从这方面多对宝宝进行引导。比如让他观察在水中游来游去的金鱼，就比让他观察盆景，更能激发他的观察欲望。

在培养宝宝的观察能力时，还要引导宝宝运用各种感官，如通过眼看、耳听、鼻闻、嘴尝等多种方式观察事物、认识事物。因为，此时宝宝的观察时间还不能持久，这能使宝宝的兴奋中心不断转移，避免疲劳，而且还能让宝宝从小就形成从多个角度来观察事物的习惯。

和2岁宝宝经常玩“找不同”的游戏，也是培养宝宝观察力的一个好方法。给宝宝两张相似的图片，让宝宝找出不同的地方，如其中一张宝宝的头上没有蝴蝶结，碗中没装饭或手中没汤匙，鼓励宝宝仔细看，把不一样的地方指出来。开始练习时，应选择那些差别明显，易发现其异同点的事物，让宝宝比较，当宝宝找出后，要及时表扬和鼓励，这会让宝宝增加游戏的信心和兴趣，使他的观察力得以提高。然后逐渐增加难度，让宝宝在相似性较大的事物中找出不同点。

总之，只要在日常生活中多给宝宝提供观察的机会，选择那些宝宝容易理解的事物，循序渐进地启发宝宝思考，对宝宝的观察进行科学的引导，宝宝自然就会养成认真观察的好习惯。

身体和精神平衡

——2 岁幼儿平衡能力的培养

平衡，可以让宝宝更聪明

家里已经不能满足宝宝的活动了，他渴望到更大的天地去走走。2 岁的宝宝已经能走能跑，但是他的平衡能力还稍差。尽管如此，他还是顽皮地要求走马路牙，他喜欢那种晃晃悠悠的感觉。妈妈总是嗔怪地将他抱到地上，让他稳稳当当地走路，可小家伙仍旧会固执地走上去。不得以，妈妈只得拉着宝宝的小手，任凭他在马路牙上自由行走。

妈妈不知道，宝宝这是在进行他的平衡训练呢！

说起平衡，很多人都认为，平衡不过是指孩子是否能够走稳路，少摔跤。殊不知，这平衡里面也是大有学问的。平衡感不好的宝宝，不仅容易摔跤，而且胆小、害怕接触外来事物，方向感和判断能力也往往不佳。有的宝宝是由于先天发育不良，而有的宝宝则是后天原因造成的平衡感失调，所以需要父母在后天对孩子的平衡感进行训练。对宝宝进行平衡能力的培养和训练，可是宝宝的终身大事，2~3岁正是一个关键期。

人的平衡感是由平衡器官来进行控制指挥的，它隐藏在耳朵内部，是由三个互相成直角的拱道和两个在拱道前庭的小室组成的。这些延伸到三个方向的拱道将对大脑的任何转动作出记录，而两个小室是负责对线性运动和重力变化作出反应的。人体的平衡系统早在胎儿期就已经发育成熟，等到一出生便开始正常工作了。

2岁的宝宝之所以能够到处走动，是平衡感不断得到训练的情况下才能实现。其实，在宝宝出生几个月后，宝宝就已经开始自主练习平衡了，他不断地将头抬起，就是平衡感在起作用。当宝宝抬起头的时候，平衡感就会感受到姿势的变化，并把这个信息传递给大脑。在这个过程中，有视觉、触觉和听觉等多个感官参与了进来。而事实上，也正是平衡感把其他五种感觉结合在一起。可见，平衡感对于宝宝运动能力的发育有着极其重要的作用。

保持平衡看起来是身体的事情，可是指挥肢体的却是大脑的神经系统。在人刚出生的时候，有超过1亿个神经细胞，但是这些神经细胞要互相连接在一起的时候才能起作用。宝宝在幼年时期受到的感官刺激很多是通过平衡器官获得的，他们刺激着神经细胞的连接，并且对大脑血液的流动具有促进作用。宝宝的平衡器官如果经常得到刺激，大脑就格外灵敏。

平衡感不仅是身体上的感觉，也是心理上的感觉。只有当人内心感到平衡的时候，才会真正感觉舒适，这就是精神上的平衡。当平衡器官对身体成功地跃过了障碍这一信息“消化”之后，就会分泌出多巴胺，这是一种让人快乐的物质，人就会觉得得意和满足。平衡练习对于锻炼勇气和训练对危险的估计能力很有帮助，这样宝宝就可以对自己的能力和目标进行合理的比较和判断。宝宝如果经常获得积极的经验——判断正确，就会使他信任自己的感觉，而且对自己也更加自信，这样就会减少不当的行为，并且自我感觉良好。

培养一个“全面平衡”的宝贝

2岁，正是全面锻炼并培养宝宝平衡感的时期，要及时为宝宝多创设锻炼条件，使宝宝各方面的能力得到良好发展。

宝宝喜欢运动，运动是锻炼孩子平衡感最好的方式。小孩子往往都爱转圈，他们会在快乐的旋转中，突然停下来，感受那种眩晕的感觉。有些父母觉得宝宝这样做有危险，旋转对大脑不利，旋转还容易使宝宝摔倒，急忙制止宝宝的这种行为。其实，宝宝爱玩这种游戏，也是宝宝的天然需求，他们会自发地用游戏刺激大脑中的前庭系统。而制止的结果，是使宝宝失去主动锻炼平衡感的机会，失去刺激大脑细胞的机会。宝宝的平衡感、对于重力的敏锐感觉，以及其他感觉都变得迟钝了。

经常让宝宝荡秋千，也可以使宝宝的平衡能力得到锻炼。当宝宝荡秋千的时候，随着速度的加快，大脑不仅需要对腿、身体的一起一伏、位置变化进行调整，还会有方向感，知道自己在哪里，地面在哪里，哪里是高处等，这对大脑和身体都是一种强化锻炼和刺激。

平衡木主要作用就是锻炼平衡用的，可以经常让宝宝走走平衡木。如果条件不具备，马路牙就是锻炼宝宝平衡最经济、最便利的好方法。开始带宝宝走马路牙时，先让他练习站立，然后牵着宝宝的小手走。如果宝宝脱离妈妈的牵引，也能走几步时，一定要及时表扬。即使宝宝掉了下来，也可诙谐地说："哦，宝宝从独木桥上掉到了桥底。"宝宝会不服气地主动要求再来，直到走得很好。

宝宝进行平衡训练的活动有很多，如滑滑梯、坐摇马、爬攀登架、跳蹦床、骑三轮车、翻跟头等，这些运动都能使大脑以及五官和平衡感得到训练和发展。当宝宝自己跃过一个水坑或一个障碍后，他也会感到无比自豪。同样，如果他跌了一跤，这也是他平衡训练必要的课程，没什么好担心的。

此外，多给宝宝进行身体上的刺激，如经常为他进行按摩和抚触，对宝宝平衡能力的训练也大有益处，它可以充分刺激宝宝身体表皮的神经末梢，使其变得敏感而判断准确。

宝宝不是父母的宠物，不要对宝宝过于溺爱和保护，这实质就是在剥夺宝宝锻炼的机会，阻碍着宝宝快乐地成长。应在保证孩子安全的前提下，鼓励宝宝大胆地去自己判断和尝试，让他自己判断他是否能够自己把一盆水从厨房端到厕所，让他自己尝试爬上梯子到壁橱里取东西，然后安稳地下到地上。这对于宝宝的精神平衡和身体平衡都是很好的锻炼。

生活中，处处都是宝宝练习平衡的场地和工具。只要多给宝宝自由嬉戏的权利，再加上父母科学的指导，一定可以打造一个身体和精神"全面平衡"的好宝贝。

2 岁幼儿记忆力的培养

2 岁宝宝记得快、忘得也快

2 岁宝宝的记忆力的确令人惊叹和折服。宝宝喜欢听妈妈讲故事，对于爱听的故事，宝宝会要求妈妈反复讲。而当妈妈稍有发挥，或者和上次讲得有点儿不太一样时，宝宝就会立即指出："不对！应该是……"原来，宝宝不仅是在听故事，他还在竭力运用他的大脑记故事。

教 2 岁宝宝背诗词，也是很容易的事情。尽管宝宝并不理解这其中的含义和优美的意境，但只要为他多读多诵几遍，宝宝的大脑就会像电脑似的，将其照搬和存储下来。看到宝宝已经将这首诗摇头晃脑背得滚瓜烂熟时，妈妈很是欣慰，于是开始教宝宝下一首。可过了几天，当妈妈再提起前面这首诗时，宝宝十分困惑，好像从来就没有听过似的，他早已忘到了九霄云外。

这就是 2 岁幼儿的记忆特点，他记得快、忘得也快。妈妈不必为此担心，这是宝宝的成长发育规律使然。宝宝此时的记忆还是无意记忆，而且宝宝非常擅长这种无意记忆。

对于2岁的幼儿来说，他特别容易记住那些使他愉快或悲伤、气愤的事情，以及能引起他情绪反应的事物。如宝宝听故事、儿歌时，往往容易记住语言形象生动、最有感情的那些句子，像小青蛙“扑通一声”跳下河，小鸭子“摇啊摇”，这些形象生动的语言，能引起宝宝情绪上的反应，所以宝宝便记住了。还有，宝宝的小花狗朋友死了，他很伤心，于是宝宝也就很容易记住。

宝宝记忆内容在大脑中保存时间的长短受多种因素影响。那些宝宝看得听得越清楚、越仔细、越完整的东西，在大脑中保持的时间就越长。而且，还与他对知识经验和对事物的理解程度有关，宝宝知识经验越丰富，就越有助于宝宝对事物的理解，而理解较深的事物，宝宝记得时间就越长久。由于宝宝背唐诗、背三字经，只是韵律上朗朗上口，宝宝并不理解其中的含义，所以，他记得快，忘得快，也就在所难免了。

培养一个“好记性”宝宝

宝宝的记忆力出现得很早，在出生后两三天时，就有了一定的记忆能力。尽管随着年龄的增长，宝宝的记忆能力会获得自然发展，但有目的、有计划地教育和引导，更能有效挖掘宝宝的记忆潜力。

这个年龄段的宝宝通常不会有意识地记忆一些东西，但如果给宝宝提出要求，他往往也十分乐意配合。如带宝宝去动物园、游乐园或郊游的机会，巧妙地为宝宝布置记忆的“作业”：请宝宝留心他乘坐的是什么交通工具，在动物园看到了什么动物，然后回家把这些讲给爷爷奶奶听。或者和宝宝出去散步时，妈妈假装记性不好，让宝宝帮忙记住回家的路，他会兴致勃勃地做向导。经常不断地给宝宝布置“记忆”作业，宝宝就会逐渐养成主动记忆的习惯。当然，最初给宝宝布置“作业”时，只让他记住一个具体的内容就可以了，以后逐渐从一项过渡到几项、由简单到复杂的进行。

由于宝宝对事物的理解能力较差，当他对记忆的东西不了解时，只会死记硬背，进行机械记忆。这样的记忆保存在大脑的时间短，很容易被遗忘。所以，教宝宝背诵或记忆时，不妨给他简单讲解一下，必要时可以配以实物。比如教宝宝背“香九龄，能温席”，可以给宝宝讲讲黄香扇枕温席的故事，或者干脆躺在床上，为宝宝亲自操练一下“温席”的过程，这都会帮助宝宝学会在理解的基础上记忆。有了理解做基础，宝宝的记忆效果就会更好，维持时间也更久。

宝宝更容易记住那些生动形象的东西，因此，帮助宝宝记忆时，不妨运用一些肢体语言。可以教宝宝做一些体操，来配合宝宝的文字记忆，如小鸭水里游，可以做出双手划水的动作；小鸟天上飞，可以摆动双臂；咬人的大老虎，一定让宝宝张开大口等。这些肢体语言生动有趣，且能给宝宝带来愉悦的情绪，宝宝很容易就记住了。

记忆的方法有很多，有心的父母可以运用巧妙恰当的记忆方式让宝宝轻松记忆，如联想记忆法、动作记忆法、谐音记忆法等。就拿联想记忆来说，让宝宝记枯燥的数字时，可以教宝宝根据数字的样子联系一些熟悉的事物，如数字“1”像一支铅笔，当宝宝看到铅笔时，就会想到“1”；而“5”的样子像一个钩子，宝宝很快就会把钩子和“5”这个数字联系起来记。

为了增强和锻炼宝宝的记忆力，可以在生活中和宝宝做一些小游戏。如全家玩传话筒游戏，妈妈和爸爸各自待在一个房间里，安排宝宝当传话员。妈妈说一句唐诗，让宝宝把这句诗捎给爸爸，爸爸听后把下一句说出来，让宝宝跑去讲给妈妈。也可以让宝宝告诉爸爸中午吃米饭，然后爸爸说菜是炒豆角等，让小小传话员来回传递。宝宝传递工作做得好，一定要予以表扬。这样的训练不但可以加强记忆，还可以提高宝宝的兴趣，使他乐此不疲。

不要指望2岁宝宝能很快记住许多东西，毕竟对于这个年龄的宝宝来说，他的记忆力还很有限，发生一些记忆不精确和记忆混淆是很正常的。不要对宝宝说“你怎么总是记不住?”“怎么又忘了?”“你记错了”一类的话，这很容易打击宝宝对记忆的自信。并且，在某种程度上，也给宝宝一个“我记不住”的反面心理暗示。所以，对宝宝要正耐心教导，及时鼓励，帮宝宝树立自信，使宝宝觉得记东西是很好玩的事情，这样，他的记忆也会变得轻松起来。

鼓励 2 岁幼儿多说话

爱说话，不是宝宝的错

2 岁宝宝的小嘴和他的手脚一样，总是很忙很忙。有人在身边时，他会高兴地与你进行对话和交流，即使有时他突然冒出来的语言，还让你一时摸不着头脑，他也浑然不觉，小嘴里依旧不停地发出声音。而当他一个人独处时，也会自言自语地嘴里嘟嘟哝哝着，好像他心里住着一个小人，他在同那个小人说话。

2 岁宝宝爱说话，是因为他发现了语言的兴趣，尝到了语言的甜头。在他小小的心思里，会兴奋地这样想：哦，原来语言有这么多好处！它可以表达自己的意愿，对妈妈说想吃苹果时，妈妈就立刻拿来给他，而他思念上班的妈妈时，还可以给妈妈打电话，和妈妈说说悄悄话。有了语言的沟通，可以和爸爸妈妈更多地在一起，依偎在爸爸妈妈身边，倾听着甜甜的话语，自己时不时也能插上几句话，感觉可真美妙。

2 岁幼儿对语言充满了兴趣，他开始兴趣盎然地操练语言了。在兴趣的引导下，他自觉地练习语言运用。2~3 岁是幼儿口语发展的最佳年龄，也是掌握最基本语言的阶段，幼儿学说话既容易又迅速，尤其对听和说有高度的积极性。宝宝爱说不是错，他是在学习语言，是在了解这个世界。不要嫌弃宝宝爱说爱问，而对他置之不理。早期语言发展，将影响到一个人今后一生的语言发展，语言的发展对宝宝智力的提高也有着密切的联系。如果幼儿在这个时期不仅有一个良好的语言环境，而且接受积极合适的语言训练，他的语言发展潜力将会被激发，这会为以后语言的继续发展打下良好的基础。

丰富的语言刺激环境，能使幼儿储藏大量的语言信息，从而提升宝宝语言智能的发育和发展。而在此阶段，如果幼儿不能得到良性的语言刺激，语言发展就会延缓，甚至有可能影响终生。一些三四岁的幼儿，口语表达还常常含混不清，这不仅会影响幼儿的交际能力，而且会影响到幼儿的自尊心和自信心。有的小朋友长大以后，仍然不愿意在公众场合说话，或不能自然、大方、清晰、流畅地与人交流，除了性格因素和缺乏社交锻炼外，还和在此时没有得到语言的良性刺激和健康的发展有很大关系。

所以，要鼓励宝宝多说话，不要打击宝宝说话的积极性。如果对于宝宝滔滔不绝的“演讲”，常常产生不耐烦，甚至简单、粗暴地制止，宝宝就会认为说话是不对的行为，从而产生挫败感，还会与父母之间出现隔阂，这对今后宝宝身心成长和语言能力的提高都有着严重影响。

爱说话，可不是宝宝的错，是天性使然。对于 2 岁的幼儿来说，是值得大大鼓励和提倡的。经过正确引导，爱说话不仅仅会让宝宝的语言天赋得以发挥，而且也可以使孩子的思维、观察、记忆、言语表达等各种能力都得到全面发展。

多说多讲，培养一个“能说会道”的宝宝

人的语言能力是在后天获得的，只有处在有语言交流的环境中，孩子语言能力才能得到发展。既然 2 岁宝宝热衷于与你交流，不妨鼓励宝宝大胆说话，引导他用语言来表达自己的愿望、要求和感觉。在和小宝宝你来我往的交流中，宝宝变得“伶牙俐齿”起来。这样，到 3 岁时，一个能说会道的宝宝就站在你的面前了。

2 岁宝宝已经会用简单的语言表达自己的想法。为了鼓励宝宝多开口讲话，自己主动表达需求，父母对宝宝的要求不要反应太快。如宝宝指着水瓶，聪明的父母马上明白这是宝宝想喝水了，于是赶紧把水瓶递给他。这样，就使宝宝失去了说话的机会，不利于宝宝语言的发展。正确的做法应该是，当宝宝指着水瓶，要引导宝宝说出他想干什么，而不是立即满足他或替他作决定。这样，宝宝就懂得用语言来表达自己的要求了。

生活中，要多与宝宝交谈、聊天，这对宝宝语言表达能力的发展非常有利。与宝宝聊天随时随地都可以进行，内容也不受局限，只要宝宝感兴趣的都可以是话题。如带宝宝去户外活动时，可以就看见的情境提问，让宝宝回答，“这是什么颜色的花?”“前面走过来的是哥哥，还是姐姐?”“爷爷手上拿的是什么东西?”“你看那朵云像什么?”等。这种场景提问，都是宝宝生活中亲眼看到的情境，宝宝会非常喜欢回答。说得多了，练得多了，宝宝的语言能力自然得到了提升。

平时多给宝宝说话的机会，多教宝宝说歌谣、唱儿歌，还可以不定期地组织“家庭演讲比赛”或“邻里间的小朋友演讲会”等等。这些都能使宝宝的语言得到良性刺激，有利于宝宝语言发展。在宝宝演讲时，可以帮助和指导宝宝将演讲的内容整理清楚，或提出要求，但不可过多过死，还可以用录音机把宝宝所讲的过程录下来，再播放给宝宝听，以提高宝宝演讲的兴趣。

2岁的宝宝在学习语言的过程中，难免有吐字不清晰，甚至沾染了其他口音和错误发音的地方。这个时候不要模仿、更不要嘲笑他，可以用正确的发音重复一遍他的话，让宝宝加以纠正，学习到正确的吐字发音。如果宝宝确有为难，或不予以配合，也不必太吹毛求疵地一再要求宝宝更正。保持愉快的学习气氛才是最重要的。

需要提醒父母的是，在和宝宝交流时，要尊重宝宝，平等地对待宝宝，把他当做大人一样。可以不停地和他聊天、探讨，甚至是争论，在这种氛围下成长起来的宝宝，会拥有更丰富的词汇量，和更清晰、多样的表达方式。

保护 2 岁幼儿的好奇心

好奇心，可是宝宝学习的最佳方式

2 岁宝宝正是好奇心最旺盛的时期，他总喜欢这儿摸摸，那儿碰碰，周围一切事物都对他充满了诱惑。为了满足日益增长的好奇心，有的宝宝甚至不惜采取一些比较过激的行为：如将妈妈新买的玩具砸坏，把爷爷刚种下的花草拔出来，往鱼缸里撒尿等。

2 岁的宝宝好奇心强，是因为他已经有了比较丰富的生活经验。这些生活经验使宝宝对事物的认识进入了一个更高层次的阶段，他的好奇心得到了进一步的发展。宝宝对事物因果关系有了更深的认识，他开始尝试采取各种方式，来验证自己关于周围事物的认识，并进行更加深入的探索。

这个时期的宝宝，在父母眼里开始变得叛逆，他们常常做一些让父母头痛的事情。在好奇心的驱使下，他渴望试试自己的力量，尝试去做一下大人所做的事情。看见下雨，他可能想要出去走走，感受感受被雨水淋湿的滋味；看见落叶，他就萌生去踩一踩的欲望，欣赏落叶被踩到时“沙沙”的响声；看见流水，他就想用小手去摸摸水流，或者下水去拨弄拨弄，激起一层又一层的水花；看到不断蹦跳的皮球，宝宝可能会想方设法地把皮球打开，看看里面究竟装着什么。

好奇心是宝宝学习的最佳方式，它能帮助宝宝拥有主动学习的动机，但很多父母在不经意间，就将宝宝的创意表现扼杀在萌芽状态。打击压制宝宝的好奇心，也就扼杀了宝宝探索事物的欲望。因此，对于宝宝的好奇心，一定要给予精心保护，并在保护的基础上，对其进行科学的引导，让宝宝的好奇心发挥出更多智力潜能。

保护好 2 岁宝宝的好奇心

好奇心是幼儿学习兴趣的源泉。好奇、好问、好动，渴望通过自己的探索来了解世界，这是孩子的天性。

好奇心强的 2 岁宝宝，什么都想尝试，他到处探索，对任何事情都感兴趣，这标志着他的思维活动正在积极进行。宝宝的探索，不仅增长了知识，还使他的观察力、思维力和想象力得到了进一步发展。可是，在他探索的过程中，往往会遭到来自父母的干涉，“不许撕”“不许乱画”“不许摸”“不许尝”等，这些命令的语言，会扼杀宝宝探索的主动性，使宝宝在不知不觉中变得谨小慎微，他不愿再提问题，或对周围的事物不再关心。久而久之，造成幼儿大脑对外界的各种刺激反应迟钝，使本来聪明的孩子变得呆笨平庸起来。

因此，在保护宝宝安全的同时，更要精心呵护宝宝的好奇心。

当宝宝提出各种问题时，要认真地给予宝宝解答，这会使宝宝的好奇心和求知欲得到满足，并继续发展。而当宝宝做出一些破坏性行为，如拆毁玩具、往鱼缸里撒尿时，父母也要正确处理，不可以简单打骂，惩罚宝宝。对拆毁玩具的宝宝，可以向他讲解一下玩具的构造、原理和正确玩法，然后和宝宝一起把玩具修好，这不仅能鼓励宝宝的求知欲和探索精神，还能培养他爱惜玩具、爱劳动的好品质。

好奇心是创造力的源泉，但仅有好奇心是远远不够的，如果好奇仅仅停留于好奇，那么，好奇的意义就会被大打折扣。明智的父母，不仅精心保护幼儿的好奇心，而且还对其进行科学的教育和引导。

对宝宝来说，在他们的生活环境中，到处蕴涵着丰富的可探索资源。客厅、厨房、阳台等都可以成为宝宝探索的地方。公园、马路、车厢，也都是宝宝产生好奇的场所。要鼓励宝宝的好奇心，根据宝宝的兴趣，适时、适度地为他提供材料和实践机会，让他亲自动手体验过程，体验成功的自豪，促使探索兴趣向更广泛领域发展。

为了让宝宝常能产生新颖而神奇的感觉，使他对这个世界充满好奇的向往，给宝宝创造一个丰富多彩的环境也是十分必要的。父母要善于将宝宝的好奇心引入恰当的轨道。保护宝宝的好奇心，让宝宝勇敢快乐地去探索。

大自然是知识的宝库，那里有无数使宝宝感兴趣的现象。平时不要把宝宝关在房间里，不让他去经风雨、见世面。多带宝宝到大自然中去走走，让他和地上的蚂蚁、空中的小鸟、水中的小鱼小虾多亲近，让宝宝感受与温室里不一样的感觉。允许宝宝在青青的草地上打滚，放手让他去玩沙土，带宝宝一起蹚浅浅的溪水，甚至把他举到高高的岩石上或树木上去登高望远。这些活动，每一项对宝宝来说，都能激发探索欲望，使他总有动力去寻找感兴趣的东西。

2 岁的宝宝毕竟是一个“刚出茅庐”的嫩手，这个世界上有许多他理解不了、解决不了的问题。当宝宝在探索中遇到困难时，父母要及时予以指导，给他创设自己解决问题的机会，只有当宝宝实在解决不了的情况下，才给予他帮助。这样，就可以让宝宝在好奇心的驱使下，通过各种活动体验生活，学会思考，提升智力。

给宝宝独立探索的权利和自由，比给他太多的庇护更能使宝宝快乐地成长。宝宝就像一只永远不知道疲倦，到处闻闻嗅嗅的小狗，他不管前方的路有坑洼，不管高处有什么危险，更不管水有多深，心里只有好奇，只是想探探、摸摸，甚至尝尝的欲望。父母不能因为担心宝宝有危险，就采取“因噎废食”阻止他去探索，这样会伤了宝宝的好奇心。而是要与宝宝同快乐，共探求，这既可以给宝宝自信，又保证有一定的安全系数。

绘画“心”成长

——2 岁幼儿的绘画接触

一支行走的画笔

2 岁宝宝是天生的小画家，只要他们手中有笔，所到之处便会无一幸免。墙壁、桌椅、门窗……处处留下宝宝的杰作。因为，他们就是一支能行走的画笔。家中有了 2 岁宝宝，就不要心疼雪白的墙壁了，宝宝的智力开发远比洁净的墙壁更重要。

绘画，是 2 岁宝宝的最爱，他喜欢拿着笔到处乱涂乱画的感觉，因为此时他开始进入涂鸦时期。涂鸦尽管还称不上绘画，但却是绘画活动的起始阶段。宝宝在涂鸦发展过程中所获得的经验，可以为今后更复杂的绘画打下基础，对今后的造型有很大助益。

2 岁宝宝的小手，已过了抓到东西就送到嘴里去品尝滋味的时期了，开始尝试把手里的东西敲、扔、拍、舞动等动手方面上来。信手涂鸦是宝宝最开心的事情，只要手中有笔，就会即兴挥毫一番。

这在成人看来觉得很可笑，他哪里是在作画，分明是乱画一气而已。可不要这样看待宝宝，他的心智刚到2岁，这可是了不起的举动和进步！在宝宝的眼里，每一笔都代表着一样东西，甚至可以讲出一个动听的故事，都是伟大的创作，他是不会在乎别人怎么看的，总是充满信心地画，充分享受着那份成功的自豪感。

早期的涂鸦活动，可以促进宝宝大肌肉的发展，并且从重复的动作中学会视觉的控制，还能锻炼宝宝的思维能力。如果这时候，为宝宝提供画具，让他尝试通过手部的动作，在纸上变出各种线条、色块。对他来说，手下出现的不同痕迹，是一种很美妙的体验。宝宝从涂鸦过程中，学习到点、线等符号，并发现了这些符号与手部动作的关系，是人生中创作记号活动的开始。

2岁宝宝之所以喜欢用笔随意地涂画，画出的线条清淡、杂乱、不成形，是他在感知觉与动作有了一定的发展之后，对环境作出新的探索，把一件过去在这个地方从没见到过的东西展示出来的激动经验。此时，他并没有绘画的目的。随着宝宝行动范围的扩展，由手臂的反复运动出现了单一重复的横线或竖线，宝宝发现自己的动作与画出的线条之间存在密切的关系，而感到非常的喜悦。

2岁的宝宝能有目的地使用象征式的符号来表达自己的心意、自己的想法，尽管表现得比较简单，但宝宝的涂鸦有助于“心”的成长，锻炼了思维能力和想象能力。这个时期是学画的最佳年龄，应紧紧抓住宝宝2岁这一关键期加以培养，说不定会造就一个大画家呢！

鼓励宝宝成为小画家

绘画是一种陶冶情操的艺术技能，对宝宝而言，绘画可以帮助他发挥想象力，增强观察能力和注意能力。动手绘画还能锻炼手臂肌肉，提高手眼协调能力。因此，鼓励宝宝学习绘画，对他是非常有益处的。

对于 2 岁幼儿来说，画笔就是玩具，能画出各种各样的线条，是这种“玩具”的特殊功能。所以，在宝宝眼里，涂鸦就是游戏，游戏就代表快乐。宝宝喜欢涂鸦，喜欢享受那份快乐。爸爸妈妈一定不要把绘画当做任务指派给宝宝，让宝宝对绘画望而生畏，而应根据幼儿年龄的特点，让他在愉快的氛围中循序渐进地学习绘画。

由于 2 岁幼儿感知经验很少，不能凭空想象绘画，因此绘画之前，应该让他对绘画对象有一定的认识和了解。如宝宝第一次画“鸭梨”时，先让宝宝看看、摸摸、闻闻，最后吃掉，然后再让宝宝开始画。在充分了解、认识绘画对象的基础上，宝宝才可以用画笔尽情演绎他们眼中的世界，作品中充满了童趣。尽管宝宝绘画技艺很糟糕，看不出是一个鸭梨的样子，但是确实是宝宝亲笔所做，也能使宝宝有成就感。

还要为宝宝准备充分的水彩笔、蜡笔、纸张等绘画材料，避免宝宝因没有纸张而选择墙壁、门窗、衣柜等可以作画的地方信笔涂鸦。2 岁宝宝喜欢即兴作画，所以不一定要求他规规矩矩地坐在桌子前创作，为了满足宝宝的这种即兴，可以在阳台上为宝宝准备一块画板，告诉宝宝也可以到那里去作画，尽量叮嘱宝宝，不要在墙壁上、家具上开工。

由于 2 岁宝宝的思维还不完善，处于动作思维阶段，在宝宝画画的时候，多听一听、问一问他画的是什么？还可以与宝宝一起玩发现游戏，共同说一说他画的简单点、线、形，像见过的什么东西，使宝宝将随意所画的图形，逐步与生活中熟悉的物体联系起来。这会使宝宝的形象思维得到发展，绘画的目的性也会逐步增强。

对于宝宝的涂鸦作品，一定要抱着赞叹、惊喜、鼓励的态度，这种积极的态度会鼓舞宝宝，使他用积极的心态去探索这个色彩斑斓的纸笔世界。如果父母认为宝宝的“作品”乱七八糟、杂乱无章，而对宝宝流露出着急、失望的神情，这会使宝宝受打击，敏感的宝宝也许因此会拒绝涂画游戏，甚至拒绝纸和笔，对学习行为产生反感，那就真是得不偿失了。其实，小宝宝开始握笔，在一张白纸上乱画时，对于他就是非常大的进步，是一个质的飞跃。爸爸妈妈应该感到由衷的高兴。

为了宝宝的成长，请陪同宝宝一起涂鸦吧，宝宝未来成不成画家没有关系，重要的是宝宝的智力潜能得到了开发。2 岁的宝宝喜欢听“宝宝真聪明”“宝宝真棒”“宝宝画得真好”这样的赞美之词。可不要吝啬你的赞美哦，父母的赞许是宝宝喜欢绘画最重要的情感源泉和催化剂，这些鼓励的话语，可激发宝宝画画的热情，使他更加愿意投入到创作中去。

音乐是 2 岁幼儿不可缺少的感知桥梁

音随我动，每个宝宝都是音乐天才

别看 2 岁的宝宝跑起来晃晃悠悠，还不是很稳当，却喜欢跳舞蹈。他在妈妈的牵引下，走到广场上，突然传来的音乐声令宝宝止住了脚步，小家伙挣脱妈妈的手，随着音乐的节拍开始手舞足蹈，摇头晃脑地跳起自己发明的舞来。他的脚底功夫虽然不行，可是小腿儿一弯一屈地摆动着，腰部以上很活跃，特别是两只小胳膊，做出的动作让你眼花缭乱，摇晃的头更是随意。

谁看到宝宝这样投入的舞蹈，都会驻足观看，这是一个可爱的小舞者，他自我陶醉在音乐里，并不觉得害羞，大大方方地舞，快快乐乐地享受。

宝宝不仅喜欢跳舞，还要尽情地唱歌。尽管，这时他的歌唱水平还很有限，常常像唱歌一样说话，又像说话一样唱歌。但他会被音乐的美妙旋律吸引，喜欢陶醉在自己的引吭高歌中。

音乐是2岁宝宝不可缺少的感知桥梁，音乐能带给宝宝心灵的美感，在宝宝大脑发育的过程中，聆听音乐将会增加中枢神经系统的联系通道，刺激宝宝大脑皮层，促进脑细胞的发育及脑功能的发展，是开发大脑潜能最好的方法之一。宝宝大脑中能欣赏音乐的那部分组织，同时也是保证他进行复杂运算、图画或建筑设计的组织。所以，要培养宝宝喜欢“听”，并会“听”的习惯，应运用音乐去刺激宝宝的大脑，促进宝宝的智力发展。同时，宝宝随着音乐“同声喝彩”“翩翩起舞”，有利于宝宝语言和动作能力的发展。

音乐有助于宝宝感知能力的培养，因为听觉能力是先于视觉能力发展的，宝宝刚出生时，是靠“听”来感知这个未知世界的。多让宝宝听音乐，可有意识地引导宝宝进行听力的感知和分析。并且，音乐对宝宝记忆力、想象力、创造力的培养也是功不可没的。

其实，每个宝宝都是音乐鉴赏的天才。很小的孩子听到音乐，随着节拍就可以舞动小手，或者晃动身体，这等于他把声音集合在一块，做出了一个最简单、最直接的节奏感的本能反应。2岁，正是幼儿音乐早教的“黄金期”，如果能把握这个时机，对幼儿进行音乐早期的教育，这对宝宝来说是大有裨益的。

让宝宝沉浸在美妙的音乐熏陶中

幼儿对音乐有着天然的热爱和向往，所以，每个宝宝都需要音乐，每个宝宝都有接受音乐的愿望和要求。不要认为宝宝没有音乐细胞，而缺失了对宝宝的音乐启蒙教育，因为音乐不仅仅是让宝宝学会唱歌和跳舞，更是宝宝智力开发的重要环节。

培养宝宝对音乐的兴趣，首先应让宝宝在生活中多多接触音乐，让音乐伴随宝宝成长。2 岁宝宝的家，应该是充满美妙乐曲氛围的温馨小窝。清晨起床，让轻声悦耳的音乐唤醒宝宝，使宝宝一天都会感到愉悦。宝宝在游戏时，配上活泼有趣的音乐，可使宝宝减少疲劳感，激发宝宝的心智。晚上睡觉时，放一段柔美、恬静的摇篮曲，除了能让宝宝安然入睡，还愉悦了身心。生活在充满音乐的环境中，无论宝宝是否侧耳倾听，这些背景式的音乐都会悄悄渗入他的耳膜，在他的音乐细胞中积淀下来。日积月累，宝宝的音乐素质一定会大大提高。

2 岁幼儿已能理解比儿歌韵律更复杂的歌曲，因此，这时可以让宝宝听一些复杂的音乐了。这利于加强宝宝对音乐的节奏、节拍、旋律、音调等特性的吸收和渗透，为宝宝今后的学习打下良好基础，使宝宝的发展需要与音乐发展巧妙地结合，提高了宝宝的学习兴趣。

除了美妙的乐曲，大自然中的天籁之音，也能培养宝宝的音乐兴趣。经常和宝宝一起去听大自然中的各种声音：潺潺的小溪流水声、鸟儿婉转的鸣叫声、虫儿唧唧的叫声，滴滴答答的雨声、列车的轰鸣声等，都能激发宝宝对音乐的热爱。

2 岁宝宝喜欢随着音乐手舞足蹈，此时要特别培养他的节奏感。可以给宝宝听一些节奏性比较强的音乐，这样更能引起他对音乐的兴趣。为了培养宝宝的节奏感，在让他听音乐、学唱歌的同时，教宝宝拍拍手、跺跺脚、晃动身体等来进行训练。

宝宝 2 岁以后，唱歌的兴致会很高，而且具有了较强的接受能力。他不管懂不懂，也不管自己是否唱得来，什么歌都想模仿着唱。如果这时父母不教宝宝唱儿童歌曲，他就会从街上、商店、电视等处学会唱流行歌曲。流行歌曲不适合宝宝，所以，有心的父母应为宝宝选些儿童歌曲，来教给他唱。

教宝宝唱歌，不要让宝宝鹦鹉学舌似的父母唱一句，宝宝学一句，而是父母先反复地唱，或播放录音给宝宝听，引起宝宝学唱的欲望。宝宝听得多了、有了印象，就会产生兴趣，自然会跟着唱下去。对于那些宝宝唱不清的歌词，应先解说给宝宝听，宝宝明白了词义，学起来就容易了。在教宝宝唱歌的时候，声音要自然、亲切，尽量接近孩子稚气、清脆的声音特点，以便于宝宝进行模仿。

对宝宝进行音乐的熏陶和训练，不是为了让宝宝具有音乐细胞，或为了使宝宝成为作曲家、歌唱家、钢琴家，而是让宝宝与音乐结缘，这就等于送给宝宝一笔最宝贵的财富，让他享用一生、快乐一生。

听、读——2岁幼儿英语思维开启

宝宝学外语，别错过2岁最佳时期

2岁宝宝正处在语言敏感期，宝宝的母语习惯已基本形成，学习外语不会影响宝宝第一语言的发展，而且这个阶段的宝宝还具有一种特殊的能力，他们可以直接用外语理解身边的事物。而不像成人那样，总是经过一个中英文的转换，才能理解其中的含义。因此，要让宝宝学好外语，2岁，是不能错过的最佳时期。

宝宝学习外语的潜力很大，他对词汇的理解和掌握较快，尤其是他对感兴趣的词或特别的声音能很快学会。而且，2岁的宝宝发音腔调尚未固定，学什么像什么，此时开始学英语，在发音上占据很大的优势，能学好地道的英语。如果过了青春期再学习的话，由于发音上会有一些限制，就会产生腔调问题。学习英语要从娃娃抓起，这是非常必要的，也是可行的。每一个幼儿都是学习英语的“天才”，抓不住这个时机，对宝宝来说，将是一生的遗憾。

宝宝在学习第二语言时，同时也扩充了宝宝的大脑吸收容量。人的大脑中有几亿个细胞，连接成庞杂的网络，而这些脑神经细胞在3岁时发展达最高峰，如果在3岁前没有给予大量刺激，部分脑神经细胞就会因为无用而萎缩。

2岁正是刺激脑细胞的关键期，为日后的学习、发展储备了能力。所以，只要宝宝对外语有兴趣，越早接触越能够自然正确地发音与使用。

宝宝是天生的模仿者，他从出生开始，就能够从各种情境中不断吸收、记忆所有听到的声音、看到的影像，以及触摸到的东西，并依次进行模仿。开始时，他只是无意识地模仿，2岁后，就能模仿大人的发音、姿态、手势、自然的动作语言了。这时候让宝宝学习第二语言，等于水到渠成，无任何学习的困难和压力。宝宝可以在快乐的心态中，享受着学习的乐趣，吸收着知识，并将知识融会贯通，进行完整的表达。

学习第二语言的重中之重，就是词汇量掌握的多少。因为语法的掌握，必须在时间和经验中修正改进。宝宝早早地就进行了词汇量的积累，词汇量越丰富，他就越能将意思表达清楚，而掌握语法的能力越好，孩子越能流畅地说第二语言。

从外在环境和心理上来说，2岁宝宝也有着学英语无可比拟的优势。成人学英语，会介意自己的读音和文法是否正确，怕说错读错没有面子。而小孩子可不管这些，他的“语言自尊”还没有形成，不会分辨哪一个是或者不是自己的母语，对一切语言都“来者不拒”，统统消化吸收。而且，外界对宝宝的要求也不会太高，对他的每一次进步，都会给予积极的鼓励和赞赏，这对于宝宝学习第二语言也是极有促进作用的。

多听多读，让宝宝轻松学英语

听，是宝宝学英语的第一块敲门砖。只有听足够了，宝宝才能够非常顺畅地将它说出来。这和宝宝学母语一样，要有一个好的语言环境。在宝宝还是一个小婴儿不会说话的时候，爸爸妈妈经常和他说说话，给他念儿歌、讲故事，都会促进宝宝的语言发展，使他较早学会说话，且能说得很复杂。如果爸爸妈妈总是认为“沉默是金”，宝宝缺少模仿的环境，大脑受不到相应的刺激，说话自然就晚了。所以，宝宝学习英语，父母一定要多为他创设提供听力的环境。宝宝正处于语言敏感期，他对语言非常有兴趣，经常听到这些有趣的英语，自然就会去模仿，便也学会说了。

让 2 岁幼儿学英语，可以只读不拼，这也是教幼儿学好英语的主要方法之一。如教宝宝苹果，就是 apple，而不必强迫宝宝记住 a-p-p-l-e 的拼写。这和很多人会说自己的母语却不一定会写是一个道理。背单词本来就不是一件容易的事，更何况对于一个只有 2 岁的小宝宝来说，记住那么多字母的组合该有多困难呀！最重要的一点是，如果强迫宝宝背这些枯燥的单词，会泯灭宝宝对学英语的兴趣，一旦造成这样的后果，再让宝宝学英语就会事倍功半了。

宝宝学英语，可以先从日常生活中接触得比较多的东西开始，如自己的身体、自己的家庭、宝宝喜欢吃的东西等，这些东西宝宝都很熟悉，学习起来比较容易，而且宝宝会经常用到，重复的次数多了，自然记忆也就牢固起来。

想让宝宝学好英语，对英语产生兴趣，给宝宝一个轻松、愉快的学习环境是很重要的。如可以和宝宝一起玩赢卡片的游戏。卡片上有图案和英文的拼写，让宝宝读出来，只要宝宝读对了，就把卡片给他。每天可以让宝宝认几张图片，但并不一定非要当天学会，旨在培养宝宝的学习习惯和兴趣。学完忘记也没关系，宝宝的记忆是能够存储的，将来再学习时，他会感到更容易。此外，还可以采取一些生动活泼的方式，如和宝宝上演一台小话剧，或用顺口溜、歌曲、故事、对话等各种各样的方式，只要宝宝高兴，学得愉快，学得轻松，效果当然就会很好。

Chapter 06

“叛逆”
——2 岁幼儿令人头疼的教养难题

说是“叛逆”，其实也不是真正的“叛逆”，而是在出现自我意识以后的一些“自我”表现。2 岁小宝宝不知社会交往的法则，在“自我”的怂恿下必然会让父母头痛，或者给同样“自我”的小伙伴带来不愉快的情绪。既“养”就要“教”，要让小宝宝知道社会交往的法则，也要让宝宝学着体会别人的心情，要想做到这点，还需要一点小技巧和方法。

不听话、不服管——第一逆反期的教养

宝宝开始频频说“不”

宝宝和妈妈之间发生了一场“战争”，双方你来我往，争夺的是宝宝的一件带有小白兔图案的套头衫。妈妈要替宝宝把已经弄脏了的衣服换下来，宝宝因为喜欢“小白兔”，就是不肯配合妈妈。任凭妈妈怎么劝说，他都坚定地摇头说“不”，并对妈妈的武力解决予以坚决抵抗。

这就是 2 岁的宝宝，他不喜欢做的事情，逼他、哄他都不管用。宝宝一反以往柔顺的乖巧，变得不听话、不服管起来，他执拗、任性、甚至强硬，“不”成为他成长中使用频率最高的字眼。2 岁的宝宝的确难对付，不闹时乖得像个可爱的小天使，而一旦发起脾气来，简直是个十足的“小恶魔”，着实让人不敢领教。

俗话说：“小宝宝长到和桌子一样高的时候，麻烦就开始了。”这正是指宝宝 2 岁左右的时期。从这个阶段开始，宝宝进入人生

“第一逆反期”。

当宝宝长到2岁时，由于各种能力的不断增长，他会走、会跑、会说话，所以常常觉得：“我已经长大了，可以自己完成所有的事。”以至于凡事都要自己来做，由于受能力的限制，他还往往做得不是很好。当这些要求受到父母的阻拦和限制时，他就会用任性、顶嘴来进行反抗。

而且，2岁的幼儿开始产生自我意识，他已经清楚地知道哪些事情是让“我”做的，哪些事情是“我”想做的。因此，就想顽强地表现自己的意志。但是这种表现往往与成人的规范相抵触，于是幼儿就会有挫折感，从而导致反抗行为的产生。

此时的幼儿，对于情绪的控制能力还很弱，且语言表达能力也相当贫乏，他一旦感到不满，就会以直截了当的形式表现出来，如吵嚷、哭闹等，或只会说“不要”和“自己做”，很难将自己的想法传达给父母，因此往往被大人认为是故意作对。2岁幼儿的思维发展水平也还不高，思维缺乏灵活性，因此常常显得“死心眼儿”。

宝宝的执拗和逆反，的确令人头疼，但这是宝宝成长进步的标志，说明宝宝是健康成长的。这个阶段是发展幼儿自主性、独立性、自信心、意志力、想象力等行为品质的关键时期，只要宝宝的行为不具伤害性，就不要过分干涉和束缚宝宝的行为。如果仍然用对待新生儿一样的养育方式对待反抗期的宝宝，强迫宝宝按成人的意志去做，或采取打骂、恐吓手段对待宝宝，就会使宝宝丧失自信，并产生自我否定的观念，影响宝宝的身心发育。

帮助宝宝顺利度过第一逆反期

面对不服管教的2岁宝宝，父母需要做的是正确疏导，而不是施以“管教”。宝宝有“自我主张”是一件积极的事情，要引导和教育宝宝认识他们尚不熟悉的世界，要学会表扬宝宝和善意批评宝宝，使宝宝的身心得以正常发育，从而帮他顺利度过第一逆反期。

2岁宝宝特别需要父母的情感支持，因此不要强制要求孩子“不准干什么”和“必须干什么”，而是要给他一些选择的机会。如给孩子补充维生素，不要简单命令他吃苹果，而是将苹果、橘子、香蕉、猕猴桃等富含维生素的水果摆在孩子面前，让他自行选择。这既避免了宝宝产生不吃苹果的对抗情绪，又让宝宝学会了如何作抉择。

宝宝想自己做事，说明宝宝长大了，妈妈应感到高兴才对。不妨放手，让宝宝自己去尝试各种事物，让他自己穿衣、自己吃饭、自己洗手、洗脸等。这样做的结果，不仅满足宝宝心理上的需求，同时还可以提高宝宝各个方面的能力。

对待凡事爱说“不”的宝宝，父母要端正态度，千万不要和逆反期的宝宝较劲。如果采取以暴制暴的对抗方法，迫使宝宝就范，非但起不到应有的作用，反而会使宝宝变得更加逆反。可以对宝宝和颜悦色地讲道理，如让宝宝吃饭，他偏不吃，可以这样对宝宝说:“宝宝只有吃了饭才有力气去玩耍，如果你不吃饭，没有了力气，怎么能在同小朋友比赛跑步取得第一名呢?”这样的理由，宝宝就有可能接受妈妈的建议，顺利地把饭吃完。而强硬地将宝宝按在饭桌前命令他吃饭，效果就不会很理想。

理解宝宝，以心换心，用情去感动宝宝，也是改变宝宝爱反抗的良方。宝宝虽然处在“第一逆反期”，但这也不是2岁宝宝的全部内容。他的反抗多是源于父母的不理解、不尊重或不耐烦所造成的，只要多多理解宝宝、体谅宝宝，了解这个年龄段宝宝的特点，科学正确地教养宝宝，宝宝也就不会同父母对着干了。毕竟，对于2岁的宝宝来说，游戏玩耍才是他生活的全部，宝宝的快乐远比烦恼多。

逆反心理既然是宝宝这一时期的主要性格特性，父母就应想方设法避免给宝宝造成逆反的环境。明知宝宝会答复“不”，就干脆不用征求意见或商量的口吻向宝宝提要求，不去问他“好不好”“行不行”“愿意不愿意”等问题，而是直截了当地提出指示，要他去执行。对于不应该让宝宝干的事情，最好不要过多地提醒，这样反而会让宝宝想起去做这件事，如“不许去厨房”，这会对宝宝起到提示作用，刺激宝宝产生逆反行为，他反而偏要去厨房不可。

对2岁的宝宝来说，有时他会对所有的命令都说“不”。这时，过分顺从宝宝的意志或强制执行都不是最好的做法。父母应该给宝宝定一个大致的规矩范围，范围之内宝宝可以有选择权。这样既可以保护宝宝的自主性和自信心，又不使他们过分放纵，以免造成以自我为中心，成了不服从管理的“小叛逆”。

抢东西，打架

——自我意识的引导与保护

喜欢的就是自己的，“我”字当头的 2 岁宝宝

2 岁的宝宝正进入积极建立自我的时期，在自我意识的驱使下，什么都是以自我为中心。这是 2 岁宝宝的思考特征，他只想到自己的感觉与需求，而不考虑别人或周围的状态。宝宝自我意识越强，他对东西的占有欲望就越强。这时，由于宝宝的自我意识还没有完全分化，他认为所有的东西都是自己的。所以，只要觉得好玩的、好吃的，就会毫不犹豫地伸手抢过来，抓到手里就是自己的了。

对于 2 岁宝宝而言，“玩具”可比“朋友”重要多了，要他为了友谊而放弃玩具的可能性很低。为了捍卫玩具的“所有权”，他命令、威胁别人不要拿他的玩具，甚至以打人、抢夺的方式夺回自己的所爱。他只知道自己很想玩，如果别人把玩具抢走，他会很难过、很生气，可至于别人的想法和感受，他则无法体会。

至于2岁宝宝总爱突然动手打人，是不需要什么正当理由的。这个年龄的宝宝还不会与人交往，又不能用语言来表达自己的需求，因此，他就会用打人的方式来引起别人的注意。他不会考虑打人会伤害别人，因为他根本不知道考虑别人的感觉。有时宝宝打人不是想要得到什么，他只是想试探一下打人会引起什么样的后果，被打的人是惊讶、害怕、反击，还是哭泣?

帮助宝宝分清“自己的”和“别人的”

2岁宝宝一切奉行“拿来主义”，只要喜欢的就是“我”的，这是宝宝自我意识的体现。幼儿自我意识的确立、自我意识的分化首先是从物质开始的。这个时候，只要是他看到的、他喜欢的，都被认为是他“自己的”，他当然会毫不犹豫地扑上去，行使他做主人的权力。所以，先别忙着给2岁宝宝贴上“强盗”的标签，而应帮助他分清什么是“我”的，什么不是“我”的。

当宝宝抢别人的东西时，不要大声斥责他，那样反而会使他变得更霸道。这时最需要做的是把宝宝紧紧抱住、阻止他，或是要求他把抢来的东西还给人家，告诉宝宝这不是他的东西，一定要还给别人。当然，宝宝一定会生气、会痛苦，他觉得妈妈在向着外人，而不帮助自己。无论宝宝如何挣扎、踢咬、号哭，都不要手软。要让宝宝明白，不是自己的东西绝对是不能要的，抢东西是不好的行为。等宝宝火气平息后，拉着宝宝的手，和风细雨地给他讲道理，经过多次的引导，宝宝就会慢慢地发现，并不是所有的东西都属于他，逐渐改变了抢夺的行为，他的物质分化意识开始进入成熟阶段。

平时，带宝宝出门时，最好随身带着他喜爱的玩具。这样，当宝宝抱着别人的东西不放时，就可告诉他：“这是别人的，你的在妈妈这里呢。”然后拿出来给宝宝看，这也会让宝宝逐渐分清物品的所属。或者，也可以采取物品置换的方法，让宝宝将自己的玩具与别的小朋友互相交换，宝宝也会在分清物品所属权的同时，学会与人交往合作。

在平常的日常生活中，要对宝宝的自我意识进行引导和保护。当使用宝宝的物品时，必须事先征求他的同意，这样可为宝宝树立模范作用，同时也让他懂得尊重他人的所有物品。如果宝宝拒绝，千万不要强行使用，最好和颜悦色地告诉宝宝，不能随便动用他人的东西。对于不属于宝宝的东西，也要明确告诉宝宝：“这是爸爸妈妈的房间，宝宝的房间在对面。”带宝宝去公共场所，要告诉宝宝，尽管这里有许多玩具，但不是宝宝的，宝宝的玩具在家里。

为了争夺物品，宝宝有时也会动手打人，在这种行为出现之初，就应严厉地告诉宝宝“不许这样做”。然后再耐心细致地向宝宝讲明道理，告诉宝宝打人会使别人受到伤害。然后领宝宝一起向被打的人表示歉意和慰问，再让宝宝主动承认错误，保证以后不再打人。在劝解宝宝的过程中，口气不要严厉，先要婉言相劝，给他讲道理，通过劝说来使他安静下来。如果婉言相劝仍然无效，不妨对宝宝来个不理不睬，让宝宝明白自己的行为是不受欢迎的。

经过妈妈的引导，2 岁宝宝有时也会表现出礼让温和的行为，如主动与别人交换玩具，或将自己的物品与人分享。这时要不失时机地给予他奖赏和鼓励，使他觉得有一种自豪感。这样，他就会尽量强化自己的良好行为，以得到更多的奖赏和鼓励。

特别黏某个人

——2岁幼儿安全感“遗失”

2岁是培养宝宝依恋关系的敏感期

2岁的宝宝简直就是一个小跟屁虫，时刻都不能离开妈妈，只要妈妈在身边，整天都是欢天喜地的，只要妈妈离开一小会儿，也要用哭声来唤回妈妈，直到妈妈出现在他面前才能止住哭声，并把妈妈的脖子搂得紧紧的，怕妈妈再次离开。令妈妈最头疼的是每天早上如何脱身去上班。想早走吧，他大清早就醒了，早走不成。再次哄他入睡吧，越弄他越精神。有几次硬下心来，夺门而出，孩子的哭声又让人受不了。

相信，这种事情每一个做妈妈的都曾经历过。宝宝如此黏妈妈，着实让妈妈们很伤脑筋。

宝宝之所以黏人，主要是由于安全感“遗失”造成的。2岁，正是幼儿产生“依赖”之时，这时幼儿会对身边最亲近的人——父母或主要照顾他的人产生“分离焦虑”，他就像一块橡皮糖似的黏着父母或照顾者，一刻也不想分开，否则就会哭闹不止。

一般来说，2 岁前的宝宝主要由妈妈来照顾，所以宝宝黏妈妈的情况是最常见、最普遍的。宝宝非常害怕见不到妈妈甚至失去妈妈，在他刚出生时，就对外界的陌生环境感到恐惧。这就是为什么宝宝在不饿不渴时还会哭叫的原因，他是在“喊”妈妈来安慰。到了 2 岁时，宝宝已经和妈妈建立起亲密无间的感情，他一刻也不想离开妈妈。可是，现代的妈妈很少有时间做全职妈妈，她们还要为生活和事业而奔波。宝宝当然不会理解这些，他只要妈妈在家陪伴。

宝宝出现过于黏人，并不是宝宝的问题，父母更应该把焦点拉到自己的身上审视一下。首先看看自己给宝宝创设的环境是否令他感到安全，当然，这种安全并不是指外在的物质环境，或是让妈妈为宝宝准备好一切，而是在心灵上给予宝宝安全感。如果妈妈在处理事情时反应偏于敏感，如遇到事情时经常表现得惊慌失措，那么这种紧张的情绪和状态很容易让宝宝接收到，从而使他产生对环境的不信任感和紧张、焦虑的情绪。一个经常爱大呼小叫的妈妈，宝宝也会跟着受惊吓的。所以，在遇事时应保持心平气和的态度，为宝宝做出表率，给予宝宝心灵上的安全。

父母还应审视一下自己，是否平时陪伴孩子的时间太少了？与孩子在一起时，是不是在用心地陪伴，还是只流于形式？这些都是导致幼儿安全感“遗失”的原因。2 岁，正是培养幼儿依恋关系的敏感期。如果幼儿在 3 岁前，没有与妈妈形成健康的亲密关系，则不能很好地建立起自身的安全感。

别“遗失”了宝宝的安全感

要想宝宝不黏人，最佳的方法是要让宝宝产生安全感，平时多陪伴宝宝，和宝宝建立起健康的亲子关系。妈妈应该在宝宝3岁前全身心地呵护、照顾宝宝。如果不能做到，也要保证每天有两小时陪伴和照顾宝宝。不要让宝宝总是提心吊胆，担心妈妈突然离去，要给宝宝足够的爱和关注，使宝宝建立起安全感。

当妈妈离开宝宝时，最好能明确而形象地告诉孩子自己什么时候会回来，比如指着钟表告诉宝宝，“当这根短的时针指到4时，妈妈就回来了”，使宝宝相信，妈妈是不会离他而去的，妈妈出门后还会回来陪宝宝的。这个回来的承诺应该准时兑现，并且做到全家的承诺一致。如果承诺没有兑现，宝宝会感到自己被欺骗，而逐渐丧失安全感。

平时，还要多鼓励和创造条件让宝宝和别人接触。妈妈一定要摆正心态，不要舍不得放手，害怕宝宝离开自己后会有危险。妈妈的焦虑情绪会传递给宝宝，导致他不敢和别人接近，只会越来越黏妈妈。家中的成员都要和宝宝建立亲密的关系，爸爸更是如此，如果宝宝觉得妈妈不在，还有爸爸呢，就能减轻对妈妈的依赖。

对过于黏妈妈的宝宝，妈妈应保持一颗平和的心，当宝宝黏着你不放时，不要把宝宝强行推开，也不要赶紧躲得远远的，因为这样做，只会给宝宝带来不安全感，使他更加的黏人。密切的亲子关系，可以使宝宝建立起安全感。平时要多陪伴宝宝，不能只是形式上的陪伴，也要做到心灵上的陪伴。要时常告诉宝宝，“妈妈是爱你的，妈妈不会抛弃你”。千万别拿“妈妈不要你了”这样的话来逗宝宝或吓唬宝宝，这些话只会让宝宝的安全感更加流失。

宝宝适度黏人并不可怕，说明他发育比较正常。而对于冷漠、完全不黏人的宝宝，却需警惕，不能认为这样的宝宝乖，让大人没负担。不黏人的宝宝有可能心理上比较自闭，对待这样的宝宝，妈妈应给予更多的肢体爱抚，让宝宝感受到妈妈对他的爱，并做到与宝宝多交流，密切亲子关系。

对待宝宝的“黏人”，要接纳他，并给予宝宝爱和时间，让宝宝顺利度过这个特别的阶段。如果父母拒绝、排斥宝宝的这种依恋，会给他小小的心灵带来更多的不安全感。

自己的东西从不分享
——2岁幼儿的“自私”

谁动了2岁宝宝的“奶酪”

对于2岁宝宝的东西，最好不要乱动，未经他许可就动了宝宝的东西，他准跟你急。宝宝常挂在嘴边的两个词“我的”“不”已经表明他的态度，凡是属于他的东西或认为属于他的东西，别人是碰不得的。

2岁的宝宝常常显得比较“自私”，自己的东西不喜欢给别人玩，看到别人的玩具又要抢。缘何2岁宝宝有如此重的私心呢?

随着自我意识的萌芽，宝宝到了2岁左右，开始懂得“所有权”这个概念。在他心目中，只要看见的、摸到的或者他喜欢的东西，就都是自己的，更何况那些本来就属于他的东西呢！2岁宝宝还不懂得分享，他仅仅知道玩具给了别的小朋友，我就没有了。因此，他容不得别人侵犯，只要他的利益受到一丁点儿威胁，就会迅速行动起来，维护自己的利益。所以，此时宝宝的“自私”是很正常的，是宝宝发育必然经历的阶段。

1 岁的宝宝通常都会表现得很大方，愿意把自己拥有的一切与他人分享。但这并不代表 1 岁宝宝有更高的思想境界，只是因为他还没有物品归属权的概念，而且他只拥有短暂的记忆力和有限的时间观念。当宝宝把一件东西送给别人后，就会认为这个东西已经不存在了。

在 2 岁宝宝的眼里，他几乎只关心自己的需要和渴望。他不理解其他人心中的感受，认为每一个人的感受和想法都与他完全一样。所以，不要轻易把宝宝的“自私”上纲上线到道德的高度。宝宝以自我为中心是正常的，这个时期若不以自我为中心，过早社会化反倒不正常了。宝宝在 2 岁以前没有“我”的概念，只会用第三人称代词来表示自己，如“宝宝的杯子、宝宝的妈妈”；2 岁以后开始有“我”，却还不能把“我”与其他事物完全分开，于是所有的东西都是“我”的，所以，宝宝才会出现“自私”行为。

2 岁宝宝的“自私”是一个成长的信号，这说明宝宝懂得了“所有”，他只有懂得“所有”，才能慢慢学会真正的“分享”。

让“自私”宝宝学会分享

虽然 2 岁宝宝的“自私”是一种很正常的行为，父母要给予充分的理解，但引导宝宝从小懂得分享，学会分享，也是每个做父母应尽的职责。有了父母的教育和引导，宝宝就能逐渐从“自私”中走出来。否则，任其自行发展，也许能使宝宝从所谓的“自私”变成真正的自私，从而使他养成不良的道德观。

宝宝分享意识的发展是有其特点的，一般来说，是遵循先亲后友，先吃后玩的规律。也就是说，宝宝先懂得跟亲人分享，然后才是朋友，最后是初识的朋友。在分享的物品上，是先分享吃的食物，后分享玩具及其他物品。所以，引导宝宝学会分享时，应根据宝宝的这个特点，建立和培养宝宝的分享意识。

培养宝宝学会分享，可以分阶段对宝宝进行训练。刚开始时，通过在家中和宝宝玩游戏，让宝宝相信玩具分享后能够重新回到自己手里。如向宝宝借走一件玩具，答应他 5 分钟以后还给他，时间到了，果然把玩具还给宝宝。然后，引导宝宝尝试和小朋友进行交换玩具的游戏。如大家交换玩具并在 3 分钟后归还，让宝宝感受自己既能享用别人的玩具，也不会因此而失去自己的玩具。

分享是做出来的，不是教出来的。要想让宝宝懂得与人分享，平时在家里就应养成一种分享的习惯。如吃苹果时，可以像做游戏一样，大声的吆喝："这个给爷爷，这个给奶奶，这个给爸爸，这个给妈妈，这个给宝宝，哈哈，每人一个！"一边说一边把苹果及时分发到每个人手中，接受者要说"谢谢"。经常不断地给宝宝提供分享的实践机会，宝宝就会模仿学习，然后开始尝试分享，变得大方起来。

为了让宝宝学会分享，还要多为他创设机会，可以经常叫小朋友来家里玩，让宝宝把愿意分享的东西和小朋友分享。当然，平时要经常引导宝宝，告诉他说把你的东西给别人玩，别人才会把东西给你玩。也可以带宝宝多多出去玩耍，多接触接触人群，看看小动物，让宝宝变得有爱心，让宝宝的心理变得健康。

引导宝宝与他人分享时，首先要先充分尊重宝宝，当宝宝的权利充分被保护，人格充分被尊重时，宝宝才有可能去尊重他人。当宝宝不情愿把心爱的玩具分给他人时，不要强迫宝宝把玩具让给别人，因为那会令宝宝失望、委屈，觉得爸爸妈妈也在帮助别人欺侮他，只能更增加他的自私心理。每个宝宝都有自己特别宝贝、特别珍贵的东西，妈妈没必要强迫他们把所有的东西都拿出来与人共享，要允许宝宝决定哪些特殊的玩具不给别的小朋友玩，只有让宝宝真正拥有支配自己东西的权利，才能让他更乐于分享。

引导宝宝学会与他人分享，是一个循序渐进的过程，不要期望今天还在为保护“个人财产”而虎视眈眈地不想让他人近前的宝宝，明天就能慷慨解囊大方地与人分享。由“自私”到分享，宝宝需要一个适应、认识的过程，要给宝宝充分学习和成长的时间，让他在不断与人交流磨合中学会分享，并体味到与人分享带来的快乐。

不爱与他人交往

宝宝是个“独行侠”

家里来了客人，妈妈把小客人引荐给宝宝，希望他们能一起玩耍，宝宝好像并不拒绝新认识的朋友。妈妈放心地回到客厅聊天去了。过了一段时间，宝宝的房间里一直都很安静，并没有发生小孩子之间的“战争”。妈妈很奇怪，觉得两个年龄差不多的宝宝没准儿睡着了，要不怎么这么安静呢？推门看去，两个宝宝都在聚精会神地玩着各自的玩具，并没有腻到一块，而是床上一个，地板上一个。

2岁的宝宝不爱同其他宝宝玩儿，总是自己默默地玩耍，许多父母很是担心，认为宝宝性格孤僻，不合群儿，不利于今后的发展。事实并非如此，2岁宝宝之所以显得不合群，总是玩着“独行侠”的潇洒，是因为他的独立性还比较差，他的社交活动，往往只限于父母、亲人、家庭的范围内，和别的宝宝很少接触，即使在一起，也是各玩各的，互不干扰，彼此很少交往。他们玩得更多的是平行游戏，他们喜欢自己玩自己的，像平行线没有交点。2岁宝宝是对玩具或其他物体感兴趣，而不是对同伴感兴趣，这个阶段还是以物体为中介的同伴交往关系。当进入3岁后，宝宝才能逐渐学会简单的合作游戏，才会懂得基本的交往用语。

当别人做游戏或玩耍时，2岁宝宝不爱参与，他却往往在一旁静静地看别人玩。其实，这是宝宝在模仿、在学习呢！通过观察，宝宝可以学会和提高参与各种活动的能力，为他今后的群体游戏打基础。当宝宝观察时注意力较集中，由无意注意转向有意注意，这正是他想参与活动前的准备。对待宝宝的这一表现，千万不可操之过急，应尊重宝宝的发展规律。

但是，宝宝的一些行为是需要引导的，父母应该培养宝宝的合作意识，让宝宝认识更多的小朋友。特别是性格比较拘谨的宝宝，更是需要父母的帮助，否则，即使到了3岁，他也会出现交往困难，甚至不交往的情况。

给宝宝创设交往的环境

2岁是婴幼儿转型期，宝宝开始走出家庭，去认识更广阔的天地。这时，要多给宝宝提供社会交往的机会，安排宝宝和左邻右舍的孩子一起玩耍，为他以后的群体合作打下基础。多带宝宝参与参观社会上的一些群体活动，多接触社会上各行各业人们的劳动生活，使宝宝形成更广泛的社会关系，获得更多的角色体验。宝宝扩大了社会生活经验，懂得了一定的社会生活准则，这就使宝宝的社会性有了进一步的发展。在社会性发展的同时，宝宝的个性也会初步形成。

游戏，是宝宝交往的主要渠道，父母可用游戏积极暗示宝宝与同伴进行合作。如宝宝在玩积木之前，不妨告诉他们，你们只有一起搭个漂亮的房子，才能得到表扬，这样宝宝就会同心合力地去进行“建筑”工作。切不可这样对宝宝讲：你们谁先搭好一个小房子，我就表扬谁，这无疑为宝宝之间制造矛盾，他们会为谁使用“建筑材料”而争吵，非但合作不成，反而闹个不欢而散。

宝宝需要在生长环境中，看到成人的社会交往方式，从成人身上学习怎样待人接物。真实的生活，是宝宝学习社会交往的最好方式，所以，平时要教会孩子在家中如何招待客人、如何和客人聊天。父母要做出榜样，让宝宝边观摩边与客人交流，宝宝很快就能学会交流的技巧。

2 岁的小宝宝喜欢观看大孩子的游戏，他一般只站在圈外观摩，并不加入到他们的游戏中。在宝宝还不能主动参与合作游戏时，不要急于或强迫宝宝与他人交往，不妨多为宝宝提供观摩的条件和机会，让他在观摩中学习，这也是在为他今后的群体游戏打基础。

在平时的生活中，可以教宝宝一些常用的社交用语，如“谢谢”“对不起”“我们一起玩好吗?”等。多为宝宝创设合作游戏的条件，如和宝宝一起玩过家家、买东西、一起玩沙土等游戏，提前使宝宝有合作游戏的经验。

学习分享是宝宝尽快融入群体并与之和谐相处的法宝。父母有意识地把自己看到或听到的一些有意义的事讲给宝宝听，让宝宝一起分享快乐，一起担当忧伤，使宝宝在潜移默化中获得情感分享。时常教导宝宝，有好吃的东西时，要跟父母一起分享；有小朋友来家里玩时，鼓励宝宝把玩具拿出来一起玩；当宝宝偶尔做出分享行为时，一定要诚恳地接受宝宝的好意，而且要谢谢宝宝，让宝宝体验到和大家分享是件很快乐的事情，从而激励他继续这种行为。

由于 2 岁宝宝不爱交往，也不会交往，所以，在他与小伙伴交往时，难免会出现一些“冲突”。对于小宝宝之间发生的“冲突”，父母要拥有一颗豁达之心，不要以眼前“吃亏”与否来衡量宝宝结交朋友的价值。只要没有伤害身体，父母都可以做个理性的观众。宝宝之间的争吵抢夺，也是一种学习，他们会在不断的碰撞中，学会一些交往技巧。如果宝宝与同伴的交往不愉快，可以为他提供适当的帮助，理解和倾听孩子，给予孩子能量，但是不要替他打抱不平或者指挥孩子如何去做。

耍赖，发脾气——2岁幼儿的无理取闹

情绪，宝宝适应生存的重要心理工具

宝宝手里拿着塑料玩具鱼，趁着妈妈不在房间里，借助小凳子的帮助，笨拙地爬上了宽宽的窗台，他坐在上面威风八面地傲视着房间里的一切，一种飘飘然的感觉涌向心头，觉得自己真了不起。宝宝爬上窗台的目的，除了要显摆自己很能耐外，还有一个目的，就是摆在窗台上的小金鱼缸使他产生了浓厚的兴趣。他觉得小金鱼独自在鱼缸里游动会孤单，就把自己平时在脸盆里“游泳”的塑料玩具鱼拿出来，想看看它们一起游泳是不是很快乐。

这时，妈妈从另外一个房间赶过来，看见这一幕，把自己吓了一跳。尽管窗台不算高，窗子也是封闭的，要是宝宝从上面掉下来，也会摔个鼻青脸肿的。赶紧要求宝宝不要动，走过去把宝宝从上面抱了下来。

宝宝“啪”地一声，把手中的玩具狠狠地摔在地上，向妈妈示

威地大喊大叫。他怪罪妈妈阻止他的行动。坚持要爬到窗台上去，妈妈拉着他的小手不放，小家伙干脆躺倒在地上，打着滚儿大哭起来。

2 岁的宝宝简直是不可理喻，稍不顺心，就要耍赖，发脾气。这实在令妈妈感到苦恼。

是啊，宝宝慢慢长大了，可是脾气也变得越来越坏，稍一不顺他的意思，就马上坐地耍赖，大哭大闹，甚至摔东西，2 岁宝宝变得无理取闹起来。这种现象可不是个案，这是许多宝宝要挟父母时普遍采用的“手段”和“伎俩”。

2 岁的宝宝从一无所知逐渐变得“见多识广”，他有了更丰富的情绪。有时他愉快而友善，有时他会烦躁与恼火。这种莫名其妙的脾气变化，是宝宝成长的一部分，在宝宝尝试控制自己的行动、冲动、情感和身体时，往往会出现这种情感变化的征象。

宝宝爱发脾气，是由于 2 岁的宝宝成长得很快，身体发育和心智发育加速，使宝宝从以前的乖宝宝，处处依赖父母的阶段，跃升到以自我为中心的层面上来，产生一种强烈的想自立、自主的愿望，经常跑东跑西，到处触碰摆弄，渐渐产生了“我无所不能”的错觉。然而，随着碰壁、挫折以及父母的干涉接踵而来，宝宝的自豪感被打破。这时他会对自己有限的能力感到沮丧，对自己的无能感到愤怒，所以他要发泄，就用摔东西、和大人对着干等方式表现他内心的沮丧、羞愧、愤怒，以及更深层次的受伤感。这就是宝宝发脾气背后的心理机制。

2 岁宝宝的发脾气，耍赖，还和他本身掌握的词汇量有关，他不知道怎样用语言来表达自己的不满，只能通过情绪的反应来激起成人的关注，“耍赖”“发脾气”“摔东西”是最直接、让大人最快明白的一种方式。他们只是在运用这个工具想让自己生存得更好、更舒服。他把无理的要求或不允许做的事情也当成合情合理的，而父母自然不能予以满足，结果常会发生亲子间的不必要“冲突”。

宝宝无理取闹，并不说明他变得“坏”了起来，或是不乖，他正在做着这个年龄要做的事，这是无法阻止的，是心智发育的必经阶段。但是，宝宝经常发脾气，除了宝宝发育中出现的阶段性问题，也有许多外在的因素。

宝宝之所以爱无理取闹，爱撒泼耍赖，有时也和父母的教养方式有关。有的父母平时对宝宝过于溺爱，任其为所欲为，有求必应，使宝宝养成唯我独尊的惯势思维，觉得自己就是“天”，只要提出要求就能得到满足，自然就会得寸进尺。一旦不合理的要求遭到拒绝，就通过发脾气、耍赖来要挟父母，以实现自己的愿望。这种放纵失教的情形，如果不能得到及时的纠正，会使他养成暴躁性格，不利于宝宝的成长。

2 岁的宝宝正处在疯玩的阶段，睡眠不足、疲劳过度，会使宝宝身心疲惫，容易冒出无名之火。宝宝遇到一些不如意的事情，也容易失去自制能力。还有在生病期间，宝宝受到的待遇特殊，一旦病好了，特殊待遇取消了，但在他头脑中并没有取消，孩子便会发脾气。

作为父母，娇惯宝宝肯定是不足取的。对宝宝关心少，发现不了宝宝发脾气的原因，也是一种失职。2 岁的宝宝在性格上还没有定型，父母要做一个有心人，对宝宝多观察，多研究，想方设法避免宝宝常发脾气，使宝宝理智理性地发展。

理顺宝宝的驴脾气

2 岁宝宝的耍赖、发脾气、无理取闹，的确令父母感到头疼。小小的人儿发起脾气来，是那样的不管不顾，不达到目的决不罢休。

宝宝耍赖、发脾气的时候，首先要找到点燃宝宝爆脾气的导火线，然后再针对不同的原因，采取相应的措施，引导宝宝把火气卸掉。理顺宝宝的驴脾气，单凭说教是不行的，还要掌握一定的方法和技巧。切不可他发脾气，你也发脾气，来个针锋相对。

当宝宝发脾气、大哭大叫时，要以情来打动他，蹲下来用手抚摸他的头，语气平静地说："宝宝生气和伤心，妈妈心里也难过呢，愿意跟妈妈说说吗?"如果他愿意，他就会有行为表示，比如点头或往你身边靠，这时，你就把它抱起来，去引导就好了。如果他不听劝慰，依然平静地摸摸他的头跟他说："好吧，妈妈先离开，等你不哭了妈妈再过来"然后起身离开。只要他有停下来的意识，就要马上过去紧紧抱着，好言好语地劝慰他。

对于躺在地上耍赖的宝宝，可以采用暗示法，来转移宝宝的视线。嘴里说着，"这个小家伙，他藏到哪里去了，怎么看不见了?"。然后装作故意四处寻找的样子，这时他就会偷听妈妈所说的话，再用言语暗示他去那里："哦，我的宝宝一定去了门后，那可是他的老地方了"。这时，他准会趁妈妈不在身边之际，爬起来去藏猫猫。当在门后找到他时，就开心地说，"宝宝果然藏在这里"，这时他准会高兴地哈哈大笑，自然就忘记了刚才耍赖的那一幕。

宝宝有时发脾气，其实是一种心灵倾诉的方式，这时父母要做到全身心地倾听，安静地陪在他身边，保持一定的身体距离，温柔地看着宝宝的眼睛，轻轻拍拍他的背，告诉他："我感受到你很难过。"宝宝觉得被接纳和理解之后，情绪自然就会缓解过来，自己就会转移注意力，开始新的探索。

如果宝宝任意哭闹，不听劝告时，干脆不再答理他，不妨到别的地方去制造更大的声音活动，例如吸地板、钉东西，使声音盖过宝宝。要让他明白，叫喊没有用，只有好好说话，妈妈才会注意听。也可以心平气和地把他抱到另外一个安静的地方，告诉他不再哭闹时，就可以回来找妈妈。等他回来之后，心情就会平静些，就容易接受劝解了。采取这种隔离政策，可以避免和宝宝正面冲突，使他在孤独中感到被孤立的滋味，让他明白自己发脾气、哭闹都毫无意义，得不到父母的注意，得不到自己想要的东西，慢慢地就不再乱发脾气了。每次发作平息后，父母要记住为宝宝讲道理，告诉他刚才的行为是不好的，采取发脾气的办法要挟父母满足自己的需求，是达不到目的的。同时，要让宝宝知道父母还是爱自己的，只是不爱自己的撒泼行为。这样既可以教育宝宝今后不再乱闹，也可以避免宝宝疏远父母的亲情。

有时，宝宝这样做，是想通过激烈的活动来表达内心的强烈情感，或者是通过语言形式表达，或者是通过体语的形式表达。这些活动对他自己、对别人均无多大害处。所以，不要刻意去加以限制，而是要正确引导，让宝宝合理发泄。

父母要尽量学会从孩子的角度去看待问题，多给他一些自由，或者指导他去决定一些比较重大的事情，这样，宝宝的自我意识得到了满足，自信心得到了提高，发脾气、无理取闹的行为自然也会相应地减少了。

Chapter 07

以感官刺激为主的创造性游戏
——2 岁幼儿的益智游戏

2 岁幼儿的游戏还是以平行游戏为主，依然习惯于自己玩自己的。然而，由于他们想象能力、动手能力都有了很大发展，所以对游戏的要求也变高了。尽管 2 岁宝宝依然可以玩 1 岁时的游戏，但为了孩子更好地发展，在游戏中加入创造性的因素会更好。

群体性游戏

宝宝有了与人交往的需求

2 岁宝宝已经不能满足于在家中探索，他更渴望走出家门，去认知更多新鲜的事物。随着言语能力的发展，肢体协调能力的加强，这时他出现了更多有技能的行为，而且对不同人表现出不同的行为反应。他逐渐开始学会与同伴进行交流、沟通。与同伴的交往逐渐增加，与成人的交往逐渐减少。

游戏，是宝宝锻炼社交能力最佳的方式。游戏对童年的意义绝不仅仅在于玩耍，它更多的是对人一生发展的影响。游戏除了让孩子获得快乐外，还能学到许多生活技巧，使他们逐渐学会遵守规则，懂得与人交往。孩子在游戏过程中，需要通过观察和思考才能掌握玩的“技术”，使他们独立思考，独立解决问题的能力得到锻炼，让心智得到充分发展。

2 岁的宝宝与小伙伴的交往方式比较单一，大多集中在玩具或物品上，他们很少用语言来沟通，即使发生冲突，也多表现为争抢玩具或物品。但是，这丝毫不影响他们之间的交流，前一分钟还在为争夺玩具而喊叫争抢，过一分钟就和好如初了。宝宝的争夺，也是交流沟通的一种方法，随着交流的加深，渐渐地也发现了与小伙伴合作游戏带来的乐趣，这就出现通过相互的“学习”来丰富自己的游戏技术。

宝宝2岁后，同伴间的互动更多，出现了互惠性游戏，如一个跑，一个追；一个藏，一个找。交往的目的，从最初主要是自己获取玩具到倾向于引起同伴对自己的注意发展。从此，宝宝的社交能力开始进步了，他会有和小朋友一起玩的意愿，喜欢在一旁观看别的孩子玩游戏，虽然还不能主动找小朋友一起玩，不能主动分享自己的玩具。

这个时期除了家长陪同宝宝玩耍，还应让他加入到更多小朋友一起玩的游戏当中，有意识地培养宝宝的集体意识和团结协作精神。

到小熊家做客

游戏目标：能提高幼儿对交往的认识，帮助幼儿以社会规范的方式来与人交往。

游戏玩法：在宝宝和小朋友玩之前，可以先和爸爸妈妈演练一下。让爸爸扮成“熊爸爸”，妈妈带宝宝去“熊爸爸”家做客。妈妈拉宝宝的手敲敲门，里面的熊爸爸问：“是谁在敲门?”教宝宝回答：“好朋友来了。”然后等熊爸爸来开门。熊爸爸开门站在门口热情地说：“哦，是乖乖啊，欢迎来做客!”妈妈教宝宝说：“我好想你哦。”进门以后，妈妈要给宝宝示范，如何拥抱，如何让座等礼节。然后让宝宝自己去独自完成这一系列过程，等宝宝学会后，让他和小朋友一起玩这个游戏。小朋友结伴去做客，主人家也可以有爸爸、妈妈、宝宝等人物，宝宝们一定会即兴发挥，玩出更多的乐趣和精彩。

过家家

游戏目标：通过角色扮演，演绎生活，可以让幼儿学习生活技能，学会如何与他人相处合作，懂得了互相帮助、互相关爱，增强了宝宝的社会交往能力和自我控制能力。发展了语言能力，并使幼儿享受到群体中的快乐。

游戏玩法：为宝宝搜集一些能做餐具的小锅小碗，甚至一些小盒盖瓶盖之类，作为宝宝游戏的“家当”。父母先和宝宝玩过家家游戏，让宝宝有些实战经验，然后再安排宝宝同其他孩子一起玩。以免宝宝进入不了角色，影响宝宝们的游戏乐趣。

在家中玩过家家时，要安排宝宝做主角，让宝宝先试着演妈妈，然后演爸爸，因为大多数宝宝不喜欢扮演自己。让宝宝通过扮演父母，学会关爱他人，学会协作，学会宽容。这样，当他同一群孩子一起玩时，就不会发生太多的冲突，即使有了纷争，也会宽容他人。

为了让宝宝尽快进入游戏，父母可过一把编剧和导演瘾，为宝宝们设计一下剧情，指导他们来玩。可以先从家里有客人来访开始，宝宝听到敲门声，开门迎客，问好、让座、倒茶等，当然，可以利用部分道具，部分虚拟动作。客人来了自然要招待吃饭，就进入了厨房游戏部分，择菜、洗菜、淘米、炒菜。“饭菜”做好后，盛菜、盛饭，端饭菜上桌。在吃饭游戏过程中，宝宝们互相谦让，互相为对方夹菜，饭后还要问“吃饱了没有”等关心的话语。

如果宝宝们还没有玩尽兴，可以继续安排他们玩看病游戏和买东西游戏。假定客人吃饭肚子痛了，这就要安排“小病号”去看病，可以在客厅安排简单的桌椅，一些瓶瓶罐罐等道具，用塑料绳充当听诊器等。当医生的宝宝要像模像样地询问病情，“小病号”要做出痛苦的样子，护士的扎针要形象。看病游戏过后，宝宝还可以玩买东西的游戏，有了“病号”，自然要买些水果、补品去探视。在另一个房间，就要设置“小卖部”了，把彩色的纸条当成钱币，把玩具水果或真的水果放在柜台上，还有平时宝宝吃的小食品、奶粉等都放到柜台上，让宝宝模拟买东西，称重、装入塑料袋、收钱、找钱等。在初期安排宝宝玩游戏时，至少要有一个宝宝熟悉的小朋友，这样可以使宝宝尽快进入游戏。

开“汽车”

游戏目标：通过角色的扮演，可以让幼儿学会如何与人交往，关心他人，懂得一些社会规则。

游戏玩法：玩开汽车游戏时，不但有司机，还可以有一个孩子当“售票员”，其他孩子做“乘客”。售票员负责卖票报站，还要让抱小孩的人和老人先入座。父母要为孩子准备游戏用的汽车转盘、售票夹子等。孩子们有了这些游戏辅助材料，可以玩得更逼真，玩得更有趣。

用几把椅子搭成一个长方形，形似汽车。一个孩子当“司机”，手拿一个厚纸剪成的圆转盘，坐在汽车前面的位置，如同坐驾驶室，不断地转动转盘。嘴里发出“嘀嘀”的声音，汽车就算开了。汽车到站了。“售票员”说：“××站到了，请大家下车。”有的乘客站起来下车。然后继续开车，到下一站，前一站下车的孩子又可以扮演上车的乘客，留在车上的走下车去。在上下车过程中，司机要注意开关门，“乘务员”要及时报站，嘱咐乘客上下车要注意安全，还要注意先下后上。车开动时，要求大家坐好扶稳，尽量做到逼真模仿。

搭积木

积木，让宝宝的想象力丰富多彩

2 岁的幼儿开始有了想象力，手眼协调性也较以前有了很大的提高，这时要注意培养和开发幼儿的想象力和动手能力了。

搭积木，是非常适合 2 岁宝宝的一种益智游戏。宝宝在搭积木的过程中，需要手、眼及大脑的不断协调才能够完成。这是个积极的思考过程，它将运用到诸多艺术概念，如平衡、形状、对称、重复、比例等，这些美的原理原则，都可经由创作的过程来激发出艺术的灵感。宝宝通过回忆现实生活中的物品，加以联想、发挥和创新，就可以用积木凭自己的想象搭出各种各样的物体，造出许多他心目中的造型。而这其中，又需要宝宝手的灵活和敏捷的配合。

充分调动宝宝参与活动的主动性、积极性，使宝宝真正成为活动的主题，更能激发出宝宝的创作欲望和创新能力。宝宝可以将平时的知识小经验融入搭积木的活动中，通过自己的摆弄去思考、去解决各种各样的问题，这还提高了宝宝克服困难的能力，使宝宝获得了自信，体验到了成功的快乐。

对于 2 岁的宝宝来说，由于此时他的空间概念、语言、思维和想象都已发展起来，手的动作、手眼协调能力增强，所以，在为宝宝选择积木时，应选择标准的积木，如两个半圆正好对成一个正圆，两块短积木加起来的长度正好等于一块长积木，等等。这种积木可以给宝宝更多的创造和表现空间。

同时，为了增加宝宝对积木的兴趣，可以买难度稍小些的积木。如在三角形积木上画上波浪，固定的作为房顶，方形的积木画上窗户和门，这样宝宝很容易辨认，知道哪块积木可以放在什么地方。宝宝知道怎么搭，自然无师自通，这会大大增加他的成就感，使他对搭积木更感兴趣了。

搭积木，是凭自己的想象力创造出各种匪夷所思的物体，但它离不开原始的生活素材，有了这些生活素材，才可以在现实基础上进行模仿和创新。所以，平时应多带宝宝去公园玩或旅游，让宝宝观察各种有特色的建筑物、风土特色，以开阔宝宝的眼界和思维，增加想象的素材，这样宝宝在创造的过程中，才能拥有更多的想象空间和灵感，从而达到创造性的发挥。

放手让宝宝自己去做吧，充分发挥他的想象力，尽量给宝宝创设轻松的“即兴创作”空间，使宝宝在不断摸索中，逐渐发展出主动计划、创造、组织和游戏的能力。

对形状

游戏目标：帮助幼儿了解不同图形之间相互组合的关系，理解部分与整体的概念。并且有助于幼儿观察力、创造力的培养。

游戏玩法：让宝宝找出两个相同的长方形的积木，指导他对成一个正方形。先竖着拼，然后再横着拼，让宝宝观察是不是一样的。接下来，找出两个三角形对成一个正方形，两个半圆形对成一个圆形等。

弯曲的小路

游戏目标：锻炼幼儿目测空间距离的能力，培养其立体感和手眼协调能力。

游戏玩法：教宝宝把所有的长条积木按照一定的间隔排列起来，看起来像一条弯弯曲曲的小路，然后让宝宝手持一块半圆的积木，模仿汽车行驶在路上，顺着这条“小路”玩开车，要求最好不要碰到积木。如果碰到了积木，宝宝必须从头再来，直到一路通过，才算完成，可获得奖励。

盖房子

游戏目标：通过用积木盖房子，幼儿可以了解简单的建筑方面的原理，从中学会比较、对照、总结经验等。并且会使幼儿逐渐意识到平衡、对称等关系。

游戏玩法：搭积木之前，要同宝宝商量一个计划，下面搭什么，上面放什么。要先让宝宝打基础，把方形的积木放在下面，然后再使用三角形搭出窗子，用长条形做梁，上面用半圆形做房顶。这样搭出的房子才稳固结实。

跷跷板

游戏目标：让幼儿学会区别多少、轻重等关系，这有助于建立重量、平衡等概念。

游戏玩法：在跷跷板的两边放上色彩、大小相同的积木，试试它们的平衡。也可以放上大小、数量不同的积木，看看哪边轻，哪边重?

搭建小桥

游戏目标：能锻炼幼儿的观察能力，增强幼儿的手眼协调性。

游戏玩法：搭小桥看起来简单，其实并不容易做到，搭建不好容易倒塌。先教宝宝把方形积木按照一定的间隔并排放好当桥墩，中间留出的距离代表桥洞，再在上面放上长条积木作为桥梁。桥梁还要有一定的坡度，用三角形积木建两个缓坡，这样人或汽车才能在上面行走。

给小动物安家

游戏目标：能培养幼儿的创造性和想象力，激发幼儿的爱心。

游戏玩法：宝宝都很喜欢小动物，可以鼓励他给自己喜欢的小动物搭个家。在搭建过程中，可以不断地给宝宝提出新的要求。“给小狗多安几个窗户吧，好让他看看外面的景色。”或者让他搭一个楼梯，好让小动物上楼去玩，“宝宝，再搭一张小床吧，这样天黑的时候小动物就可以回家睡觉喽!”宝宝会在你的不断要求和引导下，完成了他的建筑工程。

2 岁幼儿的模仿操

2 岁宝宝在模仿中学习

模仿，是宝宝的天性，出生几个月的小婴儿就可以做挤眼、摇头、拍手、招手等简单的模仿动作。随着宝宝年龄的不断增长，模仿能力也就越来越强。2 岁的宝宝，正是模仿欲望和模仿能力很强的时候，他们从模仿中了解周围的世界，学习生活技能和技巧，锻炼心脑及肢体协调，还可以在模仿中得到许多愉悦的情绪感受。

此时的宝宝好动、精力旺盛，他对各种游戏、儿歌和体育活动都充满浓厚的兴趣。这时若教宝宝学做一些模仿操，他会十分乐意学习，并能与你很好地配合。下面的模仿操，是根据这个年龄幼儿的特点来设计的，配合简单的儿歌让幼儿模仿做一些动作，如一些日常生活动作及跑、跳、平衡、弯腰等动作，具有强烈的游戏性和趣味性。经常与小宝宝一起做模仿操，不仅能锻炼宝宝的肢体协调能力，培养他独立生活的能力，同时还可以促进宝宝想象力、思维力和语言能力的发展。

妈妈做，宝宝学

第一节小闹钟

游戏目标：能使幼儿放松全身肌肉，使幼儿的语言能力和想象力得到较好的发展，并为幼儿将来的全身活动做好充分准备。

游戏动作：幼儿端正站好或坐好，引导幼儿把胳膊当做小闹钟的两个指针，让两个指针做圆周运动；或者让幼儿站好，带领他将上半身当做时针，左右摇摆运行。

配合语言：随着摆的节奏，嘴里喊“滴、答”“滴、答”。

第二节洗脸

游戏目标：能使幼儿的腕、肘、肩关节及上肢肌肉得到锻炼，逐步培养幼儿生活和语言的能力。

游戏动作：父母和幼儿对面站立，右手伸开，五指并拢，然后把右手伸到右脸，一齐发出一、二、三、四的口令，手在脸前上下洗4次。随着二、二、三、四的口令，右手按顺时针在脸上转动4次。

将右手放下，左手伸开，五指并拢，然后把左手伸到左脸，一齐发出三、二、三、四的口令，在脸前上下洗4次；四、二、三、四左手伸开，五指并拢，左手按顺时针在脸上转动4次。

配合语言：洗洗脸，洗洗脸。

第三节刷牙

游戏目标：能活动幼儿肩、肘、腕关节及上肢肌肉，培养幼儿的刷牙意识，帮助幼儿正确掌握刷牙方法。

游戏动作：伴随着一、二、三、四的口令，将右手握拳，伸出食指，在嘴前方由上向下4次；伴随二、二、三、四的口令，右手握拳，伸出食指，在嘴前方由下向上4次；伴随三、二、三、四的口令，将左手握拳，伸出食指，在嘴前方由上向下4次；伴随四、二、三、四的口令，将左手握拳，伸出食指，在嘴前方由下向上4次。

配合语言：刷刷牙，刷刷牙。

第四节拉手风琴

游戏目的：能使幼儿胸部肌肉得到锻炼，发展幼儿的想象力和语言能力。

游戏动作：幼儿站立，将两手握拳，两只胳膊屈曲放于身体两侧，两手由胸前向体侧展开，每个音符展开一次。

配合语言：1、2、3、4、5、6、7、$\dot{1}$。

第五节小鸭走路

游戏目标：能使幼儿膝、髋关节及下肢肌肉得到锻炼，并且使幼儿的想象力、语言能力得到发展。

游戏动作：幼儿站立，将两只手放在背后，然后抬头，腰微微弯曲。伴随一、二、三、四口令，向前走；伴随二、二、三、四口令，向前走；伴随三、二、三、四口令，向后退；伴随四、二、三、四口令，向后退。

配合语言：小鸭走，嘎!嘎!嘎!

第六节小鸟飞

游戏目标：能使幼儿全身各部位肌肉得到锻炼，训练幼儿动作的协调性及平衡能力，使幼儿的想象力、思维力和语言能力得到发展。

游戏动作：幼儿站立，将两臂侧平举，像小鸟飞一样上下摆动着向前跑。

配合语言：小鸟飞飞飞。

第七节小白兔跳

游戏目标：能使幼儿腿部力量得到训练，促进全身动作的协调性和平衡功能，发展幼儿的想象力和语言能力。

游戏动作：幼儿站立，将两手张开，掌心向前，放在头的两侧当做耳朵，双脚同时做起跳动作。

配合语言：小白兔，跳一跳。

第八节小闹钟

游戏目的：能使幼儿放松全身肌肉，使机体由紧张状态恢复到安静时的初始水平。

游戏动作：幼儿端正站好或坐好，引导幼儿把胳膊当做小闹钟的两个指针，让两个指针做圆周运动；或者让幼儿站好，带领他将上半身当作时针，左右摇摆，当作时针运行。

配合语言：随着摆的节奏，嘴里喊“滴、答”“滴、答”。

注意：要求幼儿的动作要准确，优美，协调。而且在幼儿活动过程中，对其进行指导，注意游戏过程中的安全。

勇敢的游戏

游戏，让宝宝变得勇敢

每一个父母都希望自己的宝宝是个受挫能力强、面对困难永不言弃、敢闯、敢担当的勇敢的孩子。可生活中，却有些孩子胆小、懦弱，遇到困难总是选择逃避或放弃。这和父母的教育和引导有关。如果在幼儿性格萌芽之初，没有给他创设一个良好的游戏和教育环境，没有对他进行科学正确的引导，就很难使孩子形成一个健全、良好的品格。

2岁，正是宝宝性格形成的萌芽时期，也是培养宝宝勇敢品质的关键时刻。勇敢，是指当遇到痛苦、困难、危险的情况时，不但不害怕，还能在遵纪守法的原则下，想方设法去克服、去战胜的优秀品质。勇敢不等同于莽撞和冒失。2岁宝宝虽然到处跑跑跳跳，看似无所畏惧，其实，他的行为里多数是莽撞、冒失的成分。他们没有生活经验，不知道用理智去规避风险，因此，他的行为是谈不到勇敢的。

对于宝宝来说，生活就是游戏，游戏就是生活，所以，不妨用做游戏的方式，在宝宝性格形成之初，多给予他正确的教育和引导。让宝宝从小学会如何大胆地与人说话，如何不怕困难，如何勇敢探索，这有助于宝宝勇敢意识的锻炼，使宝宝从小养成敢为人先，勇往直前的好品性。

实战购物游戏

游戏目标：能使幼儿敢于交流，增强开口说话的自信心。

游戏玩法：带宝宝到超市、商场、公园、游乐场等公共场所，让宝宝多开口和陌生人交流，这样也可以帮助宝宝克服胆小害羞的心理。宝宝喜欢玩具，那就带他去商场，行前同他说，咱们去同售货阿姨玩“买玩具”游戏，然后把购物基本对话告诉宝宝，让他同妈妈演练几遍。

到商场儿童玩具专柜前，鼓励宝宝开口说话，让他自己对营业员说：“我想买这个玩具，请问多少钱?”如果宝宝不愿开口，就不买玩具，带他离开。到了没人的地方，接着按家中演练的方式让宝宝再练习几遍，为了得到玩具，他会一再下定决心的。然后再回到儿童玩具专柜前，当他不好意思说话时，不妨妈妈先说一遍，让宝宝学着再说一遍，不管孩子说得好不好，声音够不够大，都应该鼓励他。只要宝宝当着营业员的面复述了妈妈教给的话，就算宝宝开口了，就可以买下这个玩具。让宝宝把钱交给营业员，由宝宝接找回的零钱和玩具，临走时一定记着让宝宝说“再见”。回到家后，要趁热打铁地给宝宝灌输与人说话是不难的，并鼓励他：“今天你都能自己买玩具了，真勇敢，真了不起，下回还让宝宝去买”。然后就渲染地说：“明天，咱们去玩买菜的游戏吧？”宝宝有了第一次经验，就会欣然地随你去菜市场。

小小传递员

游戏目标：能使幼儿独立做事的能力得到锻炼，学会大胆地与人交往。

游戏玩法：妈妈有意识地给宝宝布置任务，让宝宝做“传递员”，去邻居家，或宝宝熟悉的地方借东西或送东西。如：让宝宝给邻居奶奶送一张报纸或去大门口把牛奶拿来等。在送的过程中，要告诉宝宝进门要问奶奶好，走时跟奶奶再见。如宝宝能大胆地完成任务，一定要及时地给予鼓励和表扬。

汹涌的波涛

游戏目标：锻炼幼儿不畏艰险的勇敢性格。

游戏玩法：选一条结实宽大的床单，在床上铺平，让宝宝站在中间。父母双手各执床单的两角，开始抖动床单，让宝宝观看爸爸妈妈制造的“波涛”。一开始可以幅度小些、慢些，让宝宝先熟悉一下，鼓励宝宝勇敢、不害怕。慢慢地，可以加大抖动的幅度和力度，鼓励宝宝可以在当中走、跳、爬等。等宝宝适应了，再把床单离开床一段距离，父母拿着床单的四个角摇晃，像是在海里的小船，宝宝坐在当中乘船，开始可以幅度小些、慢些，逐渐加大幅度。

宝宝坐轿子

游戏目标：能发展幼儿掌握身体平衡的能力，培养幼儿勇敢、大胆的精神。

游戏玩法：父母面对面站立，四只手交叉握，让宝宝坐在上面，两条腿分别伸到爸爸妈妈的两只胳膊中间。然后将孩子抬起，嘴里喊着锣鼓点："锵锵"，同时踏着锣鼓点有节奏地边走边前后摇晃，让宝宝在摇晃中调节身体的平衡。抬轿摇晃时注意两人动作要协调一致，以免宝宝失去重心，造成心慌意乱。

爬攀登架

游戏目标：帮助幼儿探索身边以外的世界，练习上下肢协调和高空平衡能力，培养敢于攀登的勇敢精神。

游戏玩法：2 岁的宝宝可练习爬 3 层的攀登架，攀登时教宝宝要用手先握紧上面的架子，再用脚登上最下一层，另一只手再抓最高的横架，两手抓紧后，脚再上一级。然后将身体趴在最高的横架上，一条腿跨过去踩到对面的架子，踏稳之后再移过来另一条腿，使身体完全移到对侧，然后一级级扶着下来。父母要全程陪护，开始宝宝不敢上，父母应予以鼓励，给予必要的帮助，如先手扶宝宝攀登，等宝宝克服了恐惧，再逐渐让他独自攀爬。

钻洞洞

游戏目标：能培养幼儿克服困难的勇气，锻炼四肢的爬行和将身子和头部屈曲的本领。

游戏玩法：父母先在室内为宝宝创设一个钻洞的环境，如写字台的空隙或床铺下面都可以。先把地上打扫干净，让宝宝从这头钻进去，从另一头爬出来，往复多次练习，等宝宝适应钻来钻去后，可带他到野外寻找一些闲置管道，让宝宝进行钻洞玩。公园里假山中的缝隙也可作为游戏的场地，那里地形比较复杂，宝宝在这种环境下钻来钻去，会激发他征服的豪气，使宝宝变得更加勇敢胆大。

我是小战士

游戏目标：能训练宝宝钻和滚，促进宝宝肌肉的发育，培养幼儿克服困难的勇气。

游戏玩法：准备运动垫或地毯一块，拱门状的废纸箱一个。将垫子和拱门状的废纸箱放在一条线上，使两者相隔一定的距离。然后对宝宝说“你是个勇敢的小战士，要通过这些障碍物才能到达目的地。”，让宝宝从起点出发，滚过垫子，接着跑到“拱门”前，钻过“拱门”，再跑着返回来。做这个游戏时要求宝宝的动作要迅速、有力。

勇敢的兔子

游戏目标：可以使幼儿练习双脚向前跳，锻炼孩子的勇敢、机敏。

游戏玩法：可以将家中的客厅做场地，把一些画有胡萝卜的卡片散开置于场地一端，另一端画两条平线当做一条小沟。妈妈扮演大野狼，蹲在萝卜地旁，宝宝当小兔子，自由自在地在萝卜地里拔萝卜。当“大野狼”出现时，“小兔子”要用双腿夹住萝卜跳过小沟回“家”。爸爸可以扮演裁判员，把“小兔子”带回家的萝卜收好，为宝宝打分。

安静的游戏

让宝宝在游戏中学会聚精会神

虽然 2 岁宝宝活泼好动，但他对某个东西或某件事情感兴趣时，也能主动安静下来。安静的游戏，对宝宝专注力的培养是极为有益的。一般来说，专注力比较高的孩子，做任何事情时都会事半功倍。当孩子通过专注做事获得成就感后，随之而来的就是充足的自信心和高度的学习意愿，这就自然而然地促进了他更多的求知欲。相反，缺乏专注力的孩子做任何事情都会事倍功半，时间久了人就会胆小、畏缩、缺乏自信，不敢或不愿去尝试新的事物，造成恶性循环。

2 岁的宝宝已经能够专心致志地玩一个玩具了，而且可以集中注意力听你给他讲故事，但是专注的时间不会超过 15 分钟。这就需要父母对宝宝进行专注游戏的训练，使宝宝的专注力延长，并养成习惯。

在宝宝进行安静的游戏时，要给宝宝创设一个良好的游戏环境和氛围。由于孩子会因外界事物的各种刺激而出现注意力分散的现象，这就需要父母的合作和引导，帮宝宝创造出一个安静平和的环境，排除一切可能分散宝宝注意力的干扰因素，引导他体验安静游戏的乐趣，使他在充满愉悦的心境中发展心智，从而培养宝宝做事专注、聚精会神的好品质。

拼插积木

游戏目标：能锻炼幼儿手眼协调能力，促进想象力的发展，培养做事专注的品质。

游戏玩法：妈妈用积塑按图形先插成某种玩具，让宝宝仔细观察，然后鼓励宝宝用积塑先学习将凹面嵌入另一块积塑内。教宝宝学插积塑，可以先用两三块插成最简单的用具，如盘子、车轮等。再用多一些插成电话或小球。让宝宝由少到多地练习，连上两个盘子成一个车轮，两个电话接上成为车身，将几件插上成一辆汽车。

快乐的沙土乐园

游戏目标：能促进幼儿想象力、创造力的发展，培养幼儿做事的专注力。

游戏玩法：在家中阳台上，给宝宝准备一堆干净的细沙和一个小桶、小铲。让宝宝双手捧起细沙，从手指缝里流出，落到沙堆上或小桶里。在玩流沙过程中，除了让宝宝双手感受细沙经过的摩擦感，还要让他看细沙从指间流出到落下的过程。然后用水壶把干沙打湿，让宝宝用塑料小碗制作出小沙饼，宝宝会非常兴奋，他会找出不同形状的塑料容器来制作不同形状的沙坯。也可以教宝宝用小铲子铲出河流，架上积木做的小桥，桥上停一辆塑料玩具车，车里再装些沙子。玩沙子游戏比较随意，适合宝宝独自玩耍，他会非常投入到游戏中去，他可以独自玩沙玩很久。需要注意的是不要让沙子弄到宝宝的眼里。

撕纸作画

游戏目标：能锻炼幼儿手的精细动作及手眼协调能力，发展幼儿的智力，提高幼儿对美术活动的兴趣。

游戏玩法：妈妈准备好一些较薄的彩色纸和一些报纸，把宝宝叫到身边，然后很灵巧地把彩色长条纸反折叠，用手撕掉其中某些部分，打开以后便成了一条连续的花边。又用方形纸角对角折叠，撕去某些部分便成了窗花。妈妈把撕好的花边和窗花涂上糨糊，粘贴到纸上，让宝宝欣赏。于是宝宝也要撕纸，妈妈给宝宝一张纸让他模仿，教他用双手的拇指和食指脂捏着一点点地撕。宝宝学会了撕纸，妈妈高兴地说："宝宝真不错，下次就可以撕一些比较复杂的形状了。"平常要注意引导宝宝多观察各种动物、植物、人的特征，对事物有深刻印象，这样撕起纸来就能把握住事物的特征，撕出生动、活泼的图形来。

穿珠子

游戏目标：能训练幼儿的手指肌肉活动、增强手指的灵活性，开发幼儿的脑力，培养专注力。

游戏玩法：准备一根较硬的细绳，可以是纸绳或塑料绳，和一盒有几种颜色的珠子。妈妈先示范将绳子穿过一颗彩珠，然后把几粒珠子串起来。让宝宝尝试，当宝宝掌握穿珠技能后，可提示宝宝穿更漂亮、更长的一大串，引导宝宝按颜色、形状间隔着穿。这个阶段的宝宝，可以让他边串珠边学数数，如让他每穿两个白色的珠子就穿一个红色的，每三组加一个黑色的，这样数到几个黑色就知道穿了几十个珠子，既漂亮，又容易数数。可以将穿好的珠子挂在宝宝的脖子上，并告诉宝宝这是项链，也可箍在宝宝的头上，绑在腰上，拴在手腕上，或挂在门上、墙上。看到自己的成果，宝宝会很高兴。

一条会游泳的鱼

游戏目标：能锻炼幼儿的精细动作及自己动手的能力，开发想象力，培养专注力。

游戏玩法：准备几张彩色纸，绿色的、黄色的、黑色的或者是选择自己喜欢的颜色。在绿色纸上剪出一个鱼形的造型，在黄颜色纸上剪出两个稍大的黄色椭圆形，是用来做小鱼眼眶的。再剪两个小的黑色圆形，这是鱼儿的眼睛。剪 8 个其他颜色的小圆，用来当做鱼鳞。将刚才剪下的绿色大圆对折，将鱼尾、鱼鳍粘在相应的位置，鱼眼、鱼鳞也粘在相应的位置。最后再剪一根绿色小条，把两端稍卷一下，粘在鱼儿的前端，这就是鱼须。瞧，一条活灵活现的小鱼就做好了！

激发幼儿创造力的游戏

为宝宝的创造力开发做足功课

2 岁宝宝开始有了想象的萌芽，他会将凳子当做火车、汽车，边“开车”，嘴里还边“呜呜……嘀嘀……”说个不停，非常投入地扮演司机的角色。想象是创造力的基础，人类的创造性劳动，无一不是想象的结晶，没有了想象力，则意味着创造力的贫乏。

此时的宝宝，也正是好奇心最旺盛的时候，好奇心又是幼儿创造力发展的起点。他会追着你不停地问“为什么”，常常打破沙锅问到底，还会把玩具摔在地上，或拆得七零八碎，来进行他的探索之旅。

对于 2 岁宝宝的这些行为，你也许会感到烦恼，但在烦恼的背后，你要明白这是宝宝思维获得极大发展的体现。是的，2 岁的宝宝无论从各方面来讲，都和他刚刚过去的 1 岁不可同日而语了，他取得了飞跃式的进步。这一切令你烦恼的行为，也恰恰证明，是该为宝宝的创造力开发多做些功课了。

其实，每个幼儿都具有潜在的或正在萌发的创造力，他们最喜欢在游戏中模仿成人的行为，从“想象”中表现，在行动中“创新”，所以，父母不妨多为孩子提供游戏的条件，多和孩子玩些能激发他创造力的游戏，顺应孩子的这种潜能，从而使他潜在的创造力逐渐趋向于自觉和稳定，并得到提升。

魔毯之旅

游戏目标：能促进幼儿想象力、创造力的发展，增强语言表达的能力。

游戏玩法：妈妈和宝宝一起坐在一块柔软的毯子上，告诉他，我们乘坐的是一条魔毯，它可以带你去任何你想去的地方。然后问他想去哪里，鼓励宝宝展开想象。如果宝宝说他想去游乐场，就问他，“我们在那能干什么呢?”“能看到什么?”“打算玩什么游戏?”短短十几分钟，就可以和宝宝在想象中旅行了很多地方。

听铃寻钟

游戏目标：能促进幼儿智力发育，开发创造力。

游戏玩法：小孩子都喜欢玩躲猫猫，不妨经常和他做一些这样的游戏，把家里不同的东西藏起来，让宝宝来找。你也可以来点小变化，把定时小闹钟藏起来。让宝宝听着闹钟的“铃”声来找，宝宝会感到很有趣，也很开心。闹钟让游戏变得更加有意思了。

小小设计师

游戏目标：能锻炼幼儿的手眼协调能力，促进幼儿想象力、创造力的发展。

游戏玩法：给宝宝一张白纸，先教他用胶棒把撕碎的彩纸一片一片地粘贴起来。然后，可以让宝宝随意粘贴成各种图案。等宝宝熟练后，妈妈可以事先画好一个图案，让宝宝在规定的范围内粘贴。然后，可以让宝宝自己设计图案，自己去粘贴，宝宝一定会弄出许多令你意想不到的图案来。

未来的音乐大师

游戏目标：能提升幼儿音乐智能，开发幼儿的想象力和创造力。

游戏玩法：收集许多玻璃杯，装上不同量的水。调节杯中水量，加入不同的食物色料来加以区分。拿一个汤勺，敲打杯子发出不同的音高，按音节从高到低，再从低到高进行演奏。根据颜色，给宝宝指出哪个杯子的音阶高，哪个杯子音阶低。来吧宝宝，给我们演奏一段音乐吧！家中的饭碗也具有杯子同样的功效，可作为备选的“乐器”。

水果大餐

游戏目标：能发展幼儿的味觉、触觉及判断和想象能力，开发幼儿的创造力。

游戏玩法：准备几种水果：橘子、香蕉、苹果、葡萄、西瓜等，准备时不让宝宝看见。然后对宝宝说：“今天请宝宝扮演盲人，尝一些好吃的东西。但要在尝好后说出是什么东西，是什么味道。”用手帕将宝宝的眼睛蒙住，问宝宝吃的是什么？什么味道？游戏结束时，将手帕解开，让宝宝看看尝过的水果，并要求他再说一次是哪一种水果？什么味道？看宝宝是否尝准说对。

看看像什么

游戏目标：能丰富幼儿的想象力，促进其创造性的发展。

游戏玩法：可以经常与宝宝一起玩一些想象的游戏。比如你咬一口饼干，问宝宝"像个什么？"你捡到一块石头，说："它简直就像一只小狗！"当你和宝宝到户外去散步时，引导宝宝自由联想天上的白云像什么？月亮、星星像什么？如："我觉得那朵白云像小羊，你觉得它像什么？"然后，你可以利用云形状的变化，与宝宝一起编故事，如："我看到一匹马在跑呀跑！它跑到哪里了？"启发宝宝把故事接下去。

小蝌蚪找妈妈

游戏目标：能增强幼儿好奇心，促进幼儿想象力和创造力的发展。

游戏玩法：用一个椭圆形的黑木珠，在一端的珠孔内塞入黑绒线，作为小蝌蚪的尾巴，在木珠底面嵌上一粒图钉。将有图钉的底面放在塑料垫板上，把一块磁铁放在垫板下面移动。塑料垫板上的木珠底部的图钉遇到磁铁的吸引力而随之移动，就如同小蝌蚪在水中游水一样。妈妈先示范给宝宝看，然后握着宝宝拿磁铁的手，"让小蝌蚪去找妈妈吧"，教宝宝在垫板下移来移去。等到宝宝掌握了玩法后，再让宝宝自己玩。这个游戏会使宝宝感到十分好奇，那么，就让宝宝带着他的好奇心去探索和创造世界吧！

多变的面团

游戏目标：能锻炼幼儿的想象力、动手能力，促进其创造力的发展。

游戏玩法：包饺子时给宝宝一个小面团，让他学着捏。他会学大人的样子将面团搓圆，用手掌压扁；或者将搓圆的面团再搓成条。总之，这个小面团也成了宝宝的玩具，使他高兴半天。可以将这个小面团放在小塑料袋中存入冰箱，让宝宝多了一件有趣的玩具。如果要让它经常保持柔软湿润，可加一点儿盐和 1~2 滴甘油。为了增加美观，还可加上一小点儿红药水或一小点儿水彩的颜色，就可得到不同颜色的面塑。如果再加 1~2 滴蜂蜜，捏出来的东西表面光滑，没有裂痕。宝宝的手通过捏面塑可以锻炼得细致和精巧。如从圆的面团压扁成片，可以变成盘子和碗，再捏一小条在旁边加一个柄成为一个小杯。捏一个圆球，插上一根火柴，变成苹果或梨。捏一个大球，上面加一个小球变成一个不倒翁。这个面团在宝宝手中可以有许多变化，使宝宝的想象力越来越丰富。

一起写故事

游戏目标：可以充分发挥宝宝的想象力，促进其创造力的发展。

游戏玩法：宝宝都喜欢自己成为故事的主人公，那么就和宝宝一起写个以他为主角的故事吧！你可以帮他起个头，比如“有一天，宝宝去公园玩儿，他看见了……”然后，你和他一起接着编下去。故事完成后，可以配上好看的插图、宝宝的生活照或杂志上的画片，最好让宝宝自己选图片并亲手贴上去。

抓尾巴游戏

跑，是 2 岁宝宝的开心事

2 岁的宝宝不仅能走得很好，而且他已经开始到处跑了，尽管他跑起来总是让妈妈捏一把汗，可是此时的他，热衷于跑来跑去，一走路就总想跑，仿佛前面有什么紧急事在等着他，令他行色匆匆而不知疲倦。

对于 2 岁的宝宝来说，这时他的神经系统已经发育得比较成熟了，全身的协调能力和运动能力也得到了很大提高。精力旺盛的宝宝一旦学会了“跑”，就很难使自己安静下来。

“跑”对宝宝来说，就是一种健身益智的锻炼。在宝宝跑动的同时，他的骨骼、肌肉以及大脑皮层都得到了很好的锻炼。跑，不仅使他的肢体更加协调，还有助于促进幼儿观察能力、大脑快速反应能力以及平衡能力的发展。这对宝宝的成长发育有着极大好处。

抓尾巴游戏，可以训练幼儿奔跑能力及躲闪能力，而且要求动作敏捷，反应灵活。在玩游戏的同时，还能促进幼儿的社会交往能力，因为在相互的追逐跑动中，享受追与被追的往来模式，会使孩子感到非常的刺激和开心。

既然宝宝喜欢奔跑，而这又是让他感到最开心的事情，不妨多和宝宝进行这样的游戏吧！这样你会发现，用不了多久，宝宝跑起来会更稳健、更协调，他的身体也更强健了。

抓尾巴游戏之玩法一

游戏目标：能训练宝宝的奔跑能力，享受追与被追的往来模式，促进宝宝的社会交往能力。

游戏玩法：准备两条长丝巾或手帕。妈妈和宝宝都在腰上系条丝带，在腰后垂下一部分当做尾巴，然后互相追逐着去抓对方的尾巴。妈妈一边追一边喊着："要小心哦，就要捉到喽！"为了让游戏更有趣味，可以编个情境，比如：捉狐狸尾巴、松鼠尾巴等。让宝宝来说他想捉什么动物的尾巴，妈妈就尽可能地模仿那个动物的动作，或跑或跳。妈妈要把自己的尾巴弄得很容易就能抓下来，偶尔还可以故意让宝宝抓到尾巴，这会令他感到很满足，很自豪，从而增强宝宝参与游戏的积极性。

抓尾巴游戏之玩法二

游戏目标：训练幼儿的奔跑能力和反应能力。

游戏玩法：准备拖着长尾巴的布制老鼠若干、小猫头饰、垃圾篓。妈妈拿出一只布制老鼠告诉宝宝，老鼠是个坏东西，总是偷东西吃，大家都不喜欢它，见到它就要打，小猫见到它也会把它吃掉的。然后，妈妈用绳子拉着布老鼠在前面走，让宝宝戴上小猫头饰，在后面追着踩“老鼠”尾巴。“老鼠”尾巴若被踩住了，就扔进垃圾篓里，换一只“老鼠”接着进行游戏。

抓尾巴游戏之玩法三

游戏目标：指导幼儿练习自然地走，躲闪跑和追逐跑。

游戏玩法：准备布老鼠若干，小花猫头饰3~4个。这是一个群体游戏，刚开始时，由成人戴头饰扮小花猫，宝宝每人拖一只布老鼠扮老鼠。大家一起说儿歌：小花猫，本领大，小老鼠，最怕它，喵喵喵，喵喵喵，今天要把老鼠抓。宝宝手拖着老鼠四散跑开，成人追逐诱饵，踩老鼠的尾巴。被踩下老鼠尾巴的宝宝停止游戏。踩到几只尾巴后游戏重新开始。然后，让2~3个宝宝与成人一起扮演小花猫，一起说儿歌，做游戏。

益智健脑，2 岁幼儿的赤脚游戏

打赤脚，2 岁宝宝的特殊喜好

天性好奇的宝宝对什么事情可能都会产生浓厚的兴趣，每个时期都有一些特殊的喜好，这是宝宝成长进程中必然或可能会发生的正常现象。所以，对于宝宝做出的任何出格之举，你都不要感到困惑和烦恼。

2 岁宝宝一进屋，总是喜欢把鞋和袜子都脱下来，光着小脚丫在屋里走来走去，无论父母如何批评都无济于事，仍然我行我素。你给他穿几回，宝宝就可能脱几回，倔强无比。对于这时的宝宝来说，他还不理解穿衣服是人类文明的体现，他只知道穿上衣服和鞋袜，会有被束缚的感觉。宝宝爱打赤脚，也是天性使然，因为在宝宝足弓形成之初，赤脚走路有利于足弓的发育。而足弓形成得越早越好，这样走起路来才会越快、越稳、越省力。所以，对于 2 岁宝宝的这个特殊喜好，不必苛求他按成人的思维来行事。

其实，赤脚走路的好处不仅于此，它对宝宝的大脑发育还具有极大的益处呢。经常赤脚活动，能不断刺激宝宝的脚底，可以促进全身的血液循环和新陈代谢，增强植物神经和内分泌系统功能，从而可以促进大脑思维的敏感性，提高大脑思维的判断能力，增强记忆力，使宝宝更聪明。

赤脚走路，还能提高身体的协调性，增强对外界环境的适应能力，并且可以强身健体。为了宝宝的身体更强壮，思维更敏捷，不妨经常和宝宝做一些赤脚游戏，让宝宝在快乐中成长，在无拘无束中得到更好的发育。

进行赤脚游戏时，安全是第一位的。妈妈可以带宝宝在室内地板上、家庭干净的庭院中或在安静的公园里进行。并且一定要做好宝宝的监护工作，地面要平坦、洁净，谨防足底被小钉、沙砾、碎玻璃片等刺伤或宝宝自己跌伤，赤脚游戏后应及时给宝宝洗净脚掌。

滚动的圆环

游戏目标：锻炼幼儿的奔跑能力，加强大脑思维的敏感性。

游戏玩法：将各色塑料环套在小棍上，妈妈转动小棍将圆环甩出去，圆环会在地上飞快地滚走，让宝宝赤脚追赶在地上滚动的圆环，宝宝会很高兴地撵着圆环跑。待宝宝捡回来后，再将它套在小棍上，反复进行游戏。

天女散花

游戏目标：锻炼幼儿的下蹲、站起及奔跑能力，促进大脑发育。

游戏玩法：将彩色皱纸折成一个个花朵，或者将厚一点儿的彩纸剪成各种花片，放入篮子中，妈妈手拿小篮，高兴地说："天女散花喽！"然后，将五颜六色的花朵撒到地上，让宝宝赤脚跑去捡拾，将捡来的花放到篮子中，游戏重复数遍。

踢球

游戏目标：增强幼儿身体协调能力，益智健脑。

游戏玩法：妈妈将家里的地板收拾干净，拿一个较大的吹气塑料球，对宝宝说："宝宝，我们来踢球吧。"然后，和宝宝一起赤脚踢球，宝宝会很开心地和你抢球，一定要多给宝宝踢球的机会哦，让他边踢边跟着向前走。

滚罐法

游戏目标：锻炼幼儿奔跑能力，增强大脑思维的敏感性。

游戏玩法：拿一个圆形的空罐头盒，在里面装入小铃铛或石子，然后将其封好。拴上一节长绳，让宝宝赤脚牵着它在地上滚动！宝宝往往为了使声音更响、更清脆，他会牵着小滚罐快速地跑来跑去。

2 岁幼儿的语言游戏

抓住 2 岁宝宝口语发展关键期

在幼儿进入 2 岁后，最明显的变化是他的语言能力，简直如同井喷一样，一下能说出许多令父母意想不到的话。从过去的“沉默寡言”或自言自语，变成了一个小“演说家”。

2 岁的幼儿开始用语言与人交往，他那带着奶气的语言虽然极为简单，却标志着极为重要的掌握人类交际工具的新里程。无论从语言理解能力方面还是语言表达能力方面都有了爆炸式的发展，掌握词汇的速度成倍增长。

2 岁是幼儿口头语言发展的关键时期，他学习口语非常快，且对学习语言充满了渴望，这个时候，若给宝宝提供适宜的语言环境，适时给予大量的语言刺激，加上幼儿本身的潜能，他的语言能力将会得到飞速发展。

语言游戏，就是这样一种能提升幼儿口语表达能力、增进亲子交流的最好方式。在同父母进行游戏的过程中，父母说的话、做的动作以及表情等，都会激发宝宝极大的学习兴趣。游戏，给了孩子一个心情愉快的环境，在这样的环境中，“学习”对于宝宝来说就是“玩”，这是他最愿意做的事情。

语言并非与生俱来，它是在后天的环境中不断模仿学习而掌握的。抓住宝宝口语发展的关键期，多和他玩些语言游戏，这对宝宝语言能力的提高是大有裨益的。

广播电台

游戏目标：能锻炼幼儿的语言表达能力，使幼儿口齿清楚、态度大方，并且有表情地讲述和朗诵。

游戏玩法：每个家庭成员都是一个广播电台，如妈妈广播电台、爸爸广播电台、宝宝广播电台。一位家长打电话，当拨到某个电台时，这个电台就要播放歌曲、相声、新闻等节目。家长可经常有意识地拨打宝宝的电台，便于他得到更多的练习机会，使孩子语言能力得到提高。

小小营业员

游戏目标：能培养幼儿运用口语进行连贯讲述的能力，巩固对物品特征的认识。

游戏玩法：准备几件宝宝的玩具，将玩具逐一放好，妈妈先系上围裙当营业员，向宝宝介绍商品。如指着玩具狗说：“这是只漂亮的小狗，它有白白的毛，有 4 条腿，还有一条卷的尾巴，它的鼻子会闻气味，还会看门，你喜欢它吗?你要买它吗?”宝宝将小狗

“买”回去，然后由宝宝来当营业员，向妈妈介绍商品，游戏反复进行。可以卖水果、蔬菜、交通工具、娃娃等各类物品，还可以让顾客描述要买的物品特征，让营业员猜，猜对了就把物品“卖”给顾客。

打电话

游戏目标：能锻炼幼儿的语言表达能力，并让幼儿学会与人交往的技巧。

游戏玩法：先向宝宝介绍电话机的用途，教给他如何拨号、听声、问话、答话以及对拨号音、忙音等提示音的识别。向宝宝传授一些接打电话时常用的礼貌用语，如“您好，请问××在吗?”“您好，请问找哪位?”“他不在，需要我为您转告吗?”“对不起，您打错了”，等等。然后，妈妈带上手机去另一个房间，让宝宝试着打电话和接电话。待宝宝熟练后，可以让他给爷爷、奶奶或外公、外婆打电话。

这个游戏可根据孩子的年龄、能力分成几个阶段进行。刚开始时，让宝宝在与爸爸妈妈的对打电话中，讲几句话，参与一下。然后和宝宝模拟着玩，最后再正式打，这样一步步不断巩固、提高宝宝的技能技巧。如果宝宝接受能力强，语言表达能力好，可以教他给爷爷奶奶、亲戚以及小朋友打电话，继而让他学会在紧急情况下如何给父母打电话、向110报警等。

妈妈忘了

游戏目标：能让幼儿多开口说话，促进语言能力的发展。

游戏玩法：妈妈可以假装忘了某件事情，这样就给孩子一个“提醒”大人的机会，实质上是为了锻炼他的语言能力。比如：吃饭时只给他一个盛好饭的小碗，而不给勺子，宝宝肯定会向妈妈要勺子，但要求他必须说出话来；穿衣服时只给他穿上一只袜子，等他开口向你要时再给他另一只袜子。妈妈也可以把宝宝最爱玩的玩具，放在他看得见却够不着的地方，宝宝一开始可能会自己够，但最后他会想起让妈妈帮忙，这就使他不得不说出话来。

真人表演

游戏目标：能促进幼儿语言能力的发展，并且能开发幼儿的想象力和创造力。

游戏玩法：将一个大纸箱的盖子拿掉，在箱子底部挖一个方形大洞，然后将大箱子放在两张椅子之间，挖洞处向外，一个小小的舞台就搭建好了。然后，“演员”轮流上场，表演者站在舞台上表演，其他人则在前面当观众。表演内容可以自由发挥，如用小玩偶自编自演一段故事，或用自制的手指木偶唱歌跳舞一番。也可以让舞台变成电视机，想象自己是电视中的主角，大家轮流主持节目、播报新闻、演戏、说相声，节目可真是丰富多彩！

和宝宝一起玩转数学

2 岁，宝宝开始有了数的概念

宝宝进入 2 岁以后，掌握的词汇量呈飞跃性增长，而另一方面，数的概念也在这个阶段开始渐渐萌芽了。

说起数的概念，人们总是与算术、数学相提并论，其实，这完全是两码事情。教 2 岁宝宝学数学，可不是硬性地给宝宝灌输加减法的算式，对于一个只有 2 岁的宝宝而言，最简单、最直接的概念，就是让他知道多与少、大与小的区分。当问宝宝“5”和“6”哪个大时，他可以很熟练地，不假思索地回答是“6”时，那么，说明宝宝已经具备了初步的数字概念，这远比让他知道“6−5=1”更有意义。

2 岁，是幼儿数字概念的第一敏感期，也是人的计算能力发展的关键时期。就像许许多多的敏感期一样，抓住敏感期进行教育，往往可以取得事半功倍的效果。

对 2 岁的宝宝进行数字训练，需要借助教具来完成，虽然这很麻烦，但任何一个人认识世界都是从个体的实物开始。如果让宝宝知道 1，在他面前放一个苹果，他很快就能领悟了，当他见到一个人、一块糖，就能明白 1 所代表的真正含义。实物是宝宝能够理解的唯一事物，只有在一遍遍地重复与教育之后，他才可能真正了解 1 的含义，原来 1 代表的并不一定是一个苹果，而可以是一块糖、一个电视机、一个小朋友等所有的单个物体，他就能触类旁通，一下子明白了数字真正的含义。

数学是人们日常生活中的一个重要组成部分，数字是人们认识世界、解决问题的重要工具，学习数学还能促进宝宝的大脑发育。因此，数学的学习应从小开始，尤其不能忽视了 2 岁——这个数字概念的敏感期，父母应将抽象的数学知识，用直观的、和宝宝做游戏的方法来引导宝宝学数学、用数学，使宝宝对数字和数学产生浓厚的兴趣。

分食物

游戏目标：能让幼儿认识数的概念。

游戏玩法：准备好各种各样的点心和糖果，妈妈问“宝宝，你喜欢吃什么?”让宝宝挑选自己爱吃的物品，放在盘子里。和宝宝一起数数：“数数看，宝宝分了几个点心？巧克力 1 个，巧克力两个，还有棒棒糖两个，一共有 4 个哦。”

上台阶，学数数

游戏目标：能使幼儿学会数数，理解数字。

游戏玩法：妈妈和宝宝各站在楼梯的两端，妈妈喊“开始”，然后和宝宝一起往上走，边上边数：“1个台阶，两个台阶……”当数到10的时候，可以再重新开始数。这样反复多次。然后妈妈给出一个数字，如“5”，让宝宝上第5级台阶，一般不要超过10。在做这个游戏时要注意所上楼梯不要太陡，并且要保护好宝宝。

比较远近

游戏目标：能使幼儿了解远和近的概念，并且可以锻炼幼儿控制力度的能力。

游戏玩法：准备2～3颗小球，1条粗一点儿的线。妈妈将线拉直放在地上，与宝宝分别拿着一颗小球往前滚，看谁能将小球滚得离线最远。开始几次，妈妈告诉宝宝哪个离线近，哪个离得远。然后，让宝宝来判断游戏的结果，比较哪个小球离线最远。

认识长与短

游戏目标：能使幼儿认识长短。

游戏玩法：妈妈拿出宝宝爱吃的手指饼干，高兴地对宝宝说，“宝宝，吃饼干了”，然后拿出两根手指饼干，让宝宝比比，是不是一样长？让宝宝在其中一根上咬一口，再让宝宝比比，哪个长？

大手和小手

游戏目标：能促进幼儿的观察能力，增加幼儿对大小概念的理解及对自己身体的了解。

游戏玩法：妈妈伸出手对宝宝说：“来，宝宝，伸出你的手，咱们比一比。”然后和宝宝的手作个比较，让他看看你的手比他的大多少，和他谈论大和小的概念。将你和他的手分别画在纸板上，剪下来，再涂上色彩，两只新鲜的小手就出炉了！将两只手混在一起，让宝宝指出大小，并让他指出哪个是妈妈的，哪个是他的。

配对游戏

游戏目标：能培养幼儿的观察能力，增强其注意力的建立，并使他学会配对。

游戏玩法：准备苹果、梨、香蕉、橘子各 3 个，果盆 4 个。在果盆上分别贴上苹果、梨、香蕉、橘子的图案。妈妈先给宝宝做示范，拿一个苹果放在贴有苹果图案的果盆中，然后对宝宝说：“让我们把这些水果宝宝都送回家吧！”指导宝宝进行水果配对，将水果放到相应的果盆里。配对游戏在生活中随处都可以进行，如让宝宝将袜子、手套、盘子、碗、杯子等进行配对，或找来一些相同的图卡，散乱放在桌上，让宝宝自己配上对。

图形宝宝找朋友

游戏目标：能使幼儿对色彩和形状有更好的认识，并且可以锻炼幼儿的手眼协调能力，促进幼儿手的精细动作的发展。

游戏玩法：准备一些瓶子，各种颜色和形状的几何图形。先在同一瓶子的瓶身和瓶盖上粘贴上一模一样的两个几何图形，再把瓶身和瓶盖分别放在两个筐里。妈妈随意拿起一个瓶身，指着上面贴的几何图形问宝宝：“宝宝，看看这是什么颜色？什么图形？”等宝宝说对后，妈妈说：“请你在放瓶盖的小筐里，给它找一个长得一模一样的好朋友吧。”宝宝找到后，让他把瓶盖拧好。每完成一个，妈妈都要及时给予肯定和表扬。刚开始做这个游戏时，可以用一种颜色几个图形，或是一个图形几种颜色，根据宝宝掌握的情况，逐渐增加颜色和图形的种类。

学会分类

游戏目标：能使幼儿学会根据物品的不同属性，如颜色、大小、形状、用途分类。

游戏玩法：准备皮球、积木、布娃娃、苹果、梨、橘子等物品。妈妈对宝宝说：“把宝宝的玩具放在小筐里吧！”引导宝宝将皮球、积木、布娃娃放入小筐。再让宝宝将水果放进盘子里，然后，引导宝宝把苹果、梨、橘子放进盘子。也可以引导宝宝学习按物体的颜色、大小、形状等不同的属性分类，如将纽扣按颜色或大小分别放进不同的纸盒中。经常和宝宝玩这样的游戏，宝宝便学会了分类，不仅发展了宝宝的思维，还会使宝宝养成做事有条理的习惯。

排序游戏

游戏目标：引导幼儿学会按照一定的顺序排列。

游戏玩法：妈妈拿来 4 个红色的瓶盖和 4 个白色瓶盖，对宝宝说，“让我们给瓶盖宝宝排个队吧。”宝宝不会按照顺序排列，只能将它们不规则地一字摆开，妈妈给宝宝做示范，先摆一个红色瓶盖，再摆一个白色瓶盖，然后按照红—白—红—白的顺序排列整齐，间隔排列成一条彩带。让宝宝看看，这样的排列是不是又整齐又漂亮！